怪談狩り
葬儀猫

中山市朗

角川ホラー文庫
23828

目次

公園のおばさん

Y子さんは今、専業主婦として子育てをしている。これは彼女が四歳の時、家族である市営住宅に引っ越して来た時から始まったことだという。

そこは新興住宅地で、どんどん周辺が開発されている最中だった。

近くには公園があったが、ここも拡張工事が始まり、一年後には野球のグラウンドが二つ入るくらいの公園となった。

Y子さんは幼稚園から小学校へあがっても、その公園でよく遊んでいた。公園の西側には高層マンションが立ち並び、東側は土手になっていて川へも行ける。

ただ公園のすぐ外が墓地になっていて、墓地の向こうに高層マンションが見えていた。もちろん公園からは墓地が見えないように植林されていた。

いつしかその林の中に女の人が立つようになった。

その女の人は、Y子さんのお母さんと同じくらいの年齢に見えたので、最初は誰かのお母さんだと思っていた。ところがこのおばさん、いつも同じところに立っているのだ。それも、毎日見かける。見かけない日はない。

また、このおばさんを別のところで見ることもない。歩くこともない。まったく同じところに、同じ格好で、ただ涼しい顔をして立っている。

服装はいつも、ピンクのカーディガン、白いロングスカート。素足にサンダル。

公園で遊んでいる子どもたちや、そのおばさんの前を通る大人たちは、誰もが見えていないように素通りするし、気にもしていない。それに季節が変わってもその服装はまったく変わらない。なんとなく、あれは幽霊なんだと、Y子さんは思うようになった。

ただそのおばさんは、風景の中に完全に溶け込んでいるようで、見ようとすれば見えるが、気にしなかったら気配すらしない。

いるけどいない。いないけどいる。

Y子さんにとって、そんな存在だった。

たまに、その公園に両親と来ることがある。

「あそこにいるおばさん、なんか変だよね」と指をさすが「なに、どこ？　あそこ？　誰もいないけど」と言われる。

子どもながらに、このことは誰にも言ってはいけないんだと、察するようになった。

小学校の二年生になったころ、砂場にあのおばさんが立っているのを見たという。今まで林の中にしかいなかったおばさんが、はじめて別のところにいるのに驚いた。しかも、砂場で楽しそうに遊んでいる子どもたちを凄《すご》い形相で見下ろしている。そして、子どもたちが砂場から立ち去ると、おばさんは四つん這《ば》いとなって、子どもたちが作った砂山を、両手で一心不乱につぶしだしたのだ。髪を振り乱し、何かを叫んでいる。いや、声は聞こえないが叫んでいるように見えるのだ。そして、わしゃわしゃと砂山を両手でかき崩している。ただ、実際には砂山はまったく崩れていない。

(幽霊というのは実体がない。だから無視していればなんでもないんだ)

それを見て自分に言いきかせたという。

次の日には、また林の中に立っていた。

ある日、クラスの友達と公園に遊びに行こうとして、林の中に立っているおばさんの前を通りかかった。この時初めて、涼しそうな顔で立っているのに、ぶつぶつと何かを呟《つぶや》いているのを知った。ただ、何を言っているのかは分からなかった。

その帰りのこと。ふっと見ると、林の中におばさんがいない。

まさか、と砂場を見るとそこにいた。そして一心不乱となって子どもたちが作った砂山を四つん這いになってつぶしていた。ところがこの時は、どんどんと砂山が崩れているのを見て、はじめて、（怖い）という感覚に襲われたのだ。

その後、三年生になったころ、また別の街へ引っ越したのでそれ以降、その公園に行くこともなくなったのである。

Y子さんは、大人になって怪談に興味を持つようになった。この時「そういえば、私、見てたよね」と思い出した。

ある日、久々にその公園に行ってみた。

ゴールデンウィークの真っ最中。

大勢の家族連れが車で来ていて、バーベキューなどを楽しんでいる。土手向こうの川にも、釣りを楽しんでいる人たちがいて、かなりの人で賑《にぎ》わっていた。

林の中を見ると、おばさんはいた。

ピンクのカーディガン、白いロングスカート。素足にサンダルと、まったく同じ服装で、涼しそうな顔をして立っている。そして歳もまったくとっていなかったのだ。

流行らない店

みなさんの町に、立地条件もいいしおいしいのに、客が入らなくて店が次々つぶれていくという場所があるのではないだろうか？

Ａさんは「そんな場所、俺んとこの近所にもあるんですよ」と言う。

そこは人通りの多い大通りと、人通りの多い商店街とが交わる四辻《よつつじ》の角にある建物であるらしい。

Ａさんが覚えているところによれば、最初その建物には、喫茶店が入っていたという。ところが半年もたたずにつぶれてしまった。次にパスタ専門店となったが、これも半年たたずになくなった。次に食堂となったがやはり半年たたずになくなり、ネイル・サロンとなって、ラーメン屋、喫茶店と、長くて一年、たいていは半年以内に撤退している。そして最後の喫茶店がつぶれてからは、もう長いこと空き店舗の状態が続いたのだという。

Ａさんは、最初の喫茶店とパスタ専門店に入ったことがあるらしい。

特にパスタ専門店は、とても雰囲気のいい内装で、パスタも大変においしかったという。

流行《はや》ってもよさそうなのに、なぜかお昼時だというのにお客さんがほとんどいなかったことに疑問が残ったそうだ。隣のうどん屋はえらく繁盛しているだけに、余計にそう思ったのだ。

そしてとうとう、そのお店がよくつぶれる建物が壊されて、今は駐車場になっている。

この時、その工事を請け負ったのがAさんの知り合いが経営する土建屋だったのだ。

「あの土地、人通りが多いのに全然お店が流行らなかったんだけど、なんでだろうね」

そんな疑問をその知り合いにすると、こんな答えが返ってきたという。

「俺もさ、それ思ってたんだよな。パスタ屋もラーメン屋も、おいしかったんだよな。ところが建物を壊してみると、原因はこれじゃないのかな、というものが出てきたんだ。いったん更地にして、掘り起こしてみたら、土地の四隅に犬の首の骨が埋められていたんだよな。誰がいつ、何のためにこんなものを埋めたものなのか、さっぱりわからなくってさ。お店の人がそんなことするはずないし、これはあの建物が建つ前に行なわれたことを考えると、あれはあそこの施工主を呪うために埋められた、そうとしか考えられないんだな」

Aさんはそれを聞いて（犬蠱《けんこ》だよ、それ）と思ったという。

トンボ

A子さんのお父さんが、肺癌を宣告されて大学病院に入院することになった。入院手続きをする。するとお父さんは「屋上へ行ってくる」と言い残して、どこかへ消えた。手続きを済ませて屋上に行くと、そこは庭になっていて、お父さんはそこで煙草を吸っていた。

A子さんを見るとお父さんは「これが人生最後の煙草や。これ、吸い終わったら入院するわ」と言う。そしておいしそうに煙草を吹かす。

「オレ、死んだらな。歩くんしんどいから、トンボになって帰ってくるから」

「またまたお父さん。そんなこと言わんとってよ」

「いや、ほんまやで。お父さん、死んだらトンボになって帰ってくるから」

その後、しばらくしてお父さんは亡くなった。すでに末期癌だったのだ。二月の末のことだったという。

その年のお盆、八月十四日のことである。

母が「あっ、トンボや」と言いだした。見ると玄関からすうっと部屋に入ってきている。そして仏壇の扉にピタッと止まった。このときA子さんは、あのお父さんの言葉を思い出した。

「お父さんと違うか」

トンボは長いこと仏壇の扉に止まっていたが、また飛びだして、部屋の中をぐるりと回りだした。お母さんは「あっ、出口捜してるわ」と言って窓を開けた。しかしトンボはそれを無視するかのように、部屋を飛び回り、また玄関へと飛んでいくと出て行った。

ただし、玄関のドアは閉まっているので、どこから出て行ったのかが謎だった。その間、ずっとお父さんの言葉がA子さんの頭の中にあったが、まあ、偶然だろうと思うようにした。

ところがそれから毎年、八月の十四日になると、必ずトンボが玄関から現われて、部屋の中をぐるりと飛ぶと、仏壇の扉に止まる。そしてしばらくすると玄関から去っていくのだ。

トンボの種類はその度違う。しかし行動パターンは同じなのだ。

ただ、昔と違ってこの近くには水場も畑もない。そんな町の中のどこにトンボがいて、どこから来るのかがわからない。

あるお盆は、事情があってどうしても母方の実家で過ごさねばならなくなった。

「お父さん、どうしはるやろ。締め出したようでかわいそうやな」

そう思いながら、母方の実家で過ごす。暑いので窓を開けて風通しをよくした。

すると連れてきた娘や親戚《しんせき》の子どもたちが「トンボや、トンボや」と騒いでいるのが聞こえた。

「トンボ、来たん？」

子どもたちのところへ行ってみると、部屋の中を一匹のトンボが飛んでいる。

「さっき、玄関のとこから来た」と、子どもたちは言う。

やがてトンボは、玄関へと飛んで行っていなくなった。

「ああ、お父さん、来てくれたんや」と、安心した。

引っ越してから、トンボは来なくなった。

リセットするよ

Hさんという主婦の話。

昨年のクリスマスを過ぎたあたりのことだという。

突然耳元で「人が死ぬよー」「リセットするよー」という声が聞こえたのだ。

もちろん、周囲には誰もいない。だがはっきりと聞こえた。

俳優の大滝秀治《おおたきひでじ》さんに似たしわがれた声だったそうだ。それが何度も何度も繰り返された。しかも笑いながら言っているようだ。

（この声は、どこからしているの？）

最初は生の声のようだったのが、繰り返されるうちに壊れたスピーカーから聞こえるような音質となり、機械的にリピートをしているように思えるようになった。

あまりの奇妙さに鳥肌がたつ。

「人が死ぬよー」「リセットするよー」

（えっ、誰か死ぬの？　リセットってなに？）

そのうちに声は、フェードアウトするように消えた。

年末年始はいつも、家族と友人の家族たちと過ごす。だから、数家族分の料理を作らなければならない。コロナ禍のため一昨年《おととし》と昨年は自粛したが、この正月こそはみんなが集まって、新年を祝うのだ。一足先に手伝いに来てくれた友人と一緒にお節料理などを作りはじめた。

足りない食材が出てきた。

Hさんは友人を台所に残すと、夫に車を運転してもらって、子どもも連れて買い出しに出た。その帰りのことだ。

四辻《よつつじ》を曲がった。古いマンションの横を通る。

ズシャー!!

車の横で物凄《ものすご》い音がした。

途端に運転していた夫が「人が落ちた！　人が落ちた！」と叫びながら、車を路肩に停めた。

すぐ、車を降りて引き返した。子どもには出ないようにと注意して、Hさんも降りた。

中年の男が、道に倒れていた。

すぐに警察に通報。救急車も手配してもらった。

男の頭は割れていて、酒の匂いがする。

ちょうど通りかかった女性が医療関係者だったのか、男の脈を診ていたが、ダメなようだ。

夫も懸命に声をかけるが、見た目には息があるとは思えない状態。もちろん反応もない。

Hさんも、大変なことになったとスマホで家で待っている友人に連絡をしつつ男を見ていると、夫と脈を診ていた女性の間に、ぬっと人が入ってきた。

え!?

その人は、倒れている男そのものだった。男はぽおーッと立ったまま、倒れている自分をぼんやり見下ろしている。そして、ふっと上を見上げた。つられるようにHさんも上を見た。古いマンションの階段の踊り場に、下を向いている男がいた。男は手摺《てすり》をよっこらしょ、と跨《また》いだかと思うと、そのままこちらへ落ちてきた。

「ああっー!」

思わずHさんは声をあげた。

ズシャー!!

大きな音が響いた。内臓が壊れる音だと悟った。

それからは、そのズシャー!!　という音が、何度も何度もHさんには聞こえてくる。

ただ、夫や隣にいる女性は無反応なので二人には聞こえていないようだ。やがて周囲は野次馬でごった返した状態となった。そこに、警察と救急車もやってきた。

警察官からは、何度も何度も同じことを聞かれ、その間も、あの音は繰り返し聞こえている。警察は事故と自殺両方の可能性を考えて、質問してきているようだが、Hさんは耳をふさぎたい状態で全然落ち着かない。

しかしそんなことは誰にも言えない。警察はスマホの機能を使いながら、近くに備えてあった防犯カメラや、Hさんの車に搭載してあるドライブレコーダーなどにつなげてチェックしている。かれこれ一時間半ほどは現場で拘束された。

やがて警察は、Hさん夫婦が、車に子どもを乗せたままだということを知ると「お疲れさまでした。大変でしたね。ご協力ありがとうございました」と気遣ってくれた。

この時、一人の警官がこうボヤいたという。

「いやあ、年末にはこういう事件、多いんですよね。こう言っちゃ不謹慎かもしれませんが、リセットできないんですけどね」

唐突な警官の言葉に驚いた。

この時Hさんは、数日前に聞いた「人が死ぬよー」「リセットするよー」というしわがれた男の声を思い出したのだ。そしてその時も、ズシャー!!という男が落ちた時の嫌な音は繰り返されていた。

なんだか嫌な気分になった。

疲れ果てて家に戻った。お節料理の続きは明日《あした》にしようと、遅い夕食をとると床に入った。

夫は、子どもが事故現場に居合わせたことを心配している。もっともHさんは子どもには車から出ないようにと言い聞かせて、ゲーム機を与えていたから、現場の様子は直接には見ていない。夕食をとっていた時も、普通にしていた。

ただ夫は、事故現場での第一発見者ということで、警察にいろいろ聞かれていたし、車載カメラの映像を警察官のスマホに送るために機械をいじっていたのでそのことを知らなかったのだ。

「子どものことなら、大丈夫だよ。車の中でおとなしくゲームに熱中していたようだし」

Hさんがそう言うと、夫はこう言いだしたのだ。

「ほら、年末ってさ、慌ただしく過ぎるけど事件も事故もすごく多いよね。でもさ、年が明けたらそれまでのケガレみたいなのとか何事もなかったようにリセットされるんだよな。そういうことって気持ち悪いってぼんやりと思ってたんだけど、ここ何年かはコロナもあって、そういうことが特に際立って思えるんだよな。リセットだよな」

目の前で人が死んで、警官と夫が「リセット」と同じ言葉を言った。

（これは、何かの符号なの？　なんか気味悪い）

そう思ったとき、「人が死んだよー」「リセットしたよー」というしわがれたあの声が、また聞こえた。

空き缶

ある高校で国語を担当しているM先生。

夜遅く、残業が終わってようやく職員室を出た。

廊下の電気を点《つ》けて玄関へと向かう。

すると真っ暗闇の中から空き缶が飛んできて、M先生の足元にカラン、と落ちた。

M先生、この時はなんだか機嫌が悪く、空き缶にむかつくと、その暗闇の中に向かって投げ返した。

ところが、落ちる音がしなかったのだ。


ある日、英語の先生と話していると「そうそう、たまに空き缶、落ちてくるよな」という話になった。どちらも同じ銘柄の缶コーヒーだった。

ファミリー・プラン

ある携帯電話のサービス・センターに勤めるMさんが「年に三回か四回ほどですけど、不思議な相談を受けることがあるんです」という。

これは最近あった相談。

電話がかかってきた。若い女性だ。

聞くとこんな内容だった。

「今ね、うちのお母さんのスマホにな、着信があったんやけどな。それがな、三年前に亡くなった、うちのお父さんの電話番号やねん。でな、お父さんが生きてた頃は家族割りっていうのんか、ファミリー・プランに入っていたんやけど、お父さんが亡くなって解約してるはずなのよ。でね、もし解約されてなくて料金が発生していたんなら大変なことなので、どうなってるか調べてほしいんですけど」

調べてみると、確かに三年前に解約されている。そして、そのお父さんの使っていたという番号は、現在、他の人が使っていることがわかった。しかし、その人からそのお母さんに発信されたという記録はない。ところがお母さんのスマホには、その番号からの着信記録がちゃんと残っていた。

「それはどういうことなの？」と聞かれたが、「わかりません」としか言いようがない。それで「間違い電話か混線でしょう」と胡麻化《ごまか》した。その上で「ファミリー・プランは、ちゃんと解約されていますし、料金も発生していません」と答えた。すると「あ、大丈夫なのね。お金、とられてないのね」と、納得して電話は切られた。

本部にこの件を伝えると「わからない」という返答が来た。

結局、「原因不明」と書いて報告書を提出するようにと言われたという。

絆創膏

実はこれと同じような話を『新耳袋』に書いている。

Sさんはその話を読んで知っていたそうだが、「僕も同じようなものを見ました。あれは人だとは思うんですけど、今もって違和感が拭《ぬぐ》えないんです」と言う。

十四、五年前のこと。
彼はそのころ、運送会社で働いていた。

配達地区は練馬《ねりま》区。西武池袋《せいぶいけぶくろ》線T駅前のマンションでのこと。

今もはっきりと覚えているという。

ある夏の日曜日の午後一時ごろ。

一階の玄関の共用スペース。ここはオートロックになっていて各部屋の番号を押して、開けてもらう。

Sさんがそのマンションの玄関に入ると、そこに若い女性が立っていたという。

髪はロングの茶髪。くすんだような緑色の膝上《ひざうえ》までのワンピース。パンプスを履いていた。

Sさんは、配達先の部屋番号を押しはじめたが、女性はそれを待っていたという雰囲気がある。

中から返答があって、開錠された。エントランスへと入ってエレベーターに乗り込む。

すると女性も（やっと入れる）というような感じで、Sさんの後をついてエントランスへと入ってくる。

（この人、住人かな？　どうやらそうではなさそうだな。住人ではない人を入れてしまってトラブルが起きたら、俺の責任じゃないか）

そう思ってその女性をしっかり観察した。

途端に、ゾッとしたという。

足と手、つまり素肌に絆創膏《ばんそうこう》がビッシリと隙間なく貼られていたのだ。その瞬間、妖怪《ようかい》百目を想像してしまったのだ。

その女性は、Sさんとともにエレベーターに乗り込んできた。

扉が閉まると、二人っきりの空間。

Sさんはその顔も、まじまじと観察した。その間、ずっと鳥肌が立ったままだった。

配達先の部屋がある階でSさんは降りたが、女性はそのまま上へと昇っていった。

今もその女性の髪も服装もパンプスも、隙間なく貼られた絆創膏もはっきりと覚えているのに、あれだけ観察した顔の印象が、なぜかまったくないのだという。

葬儀猫

Tさんという女性は今、六十代半ば。九州は五島《ごとう》列島の出身だそうだ。

彼女が小学四年生のころのことだという。

数軒隣でお葬式があった。

当時のことなので今のような斎場もなく、各家でお葬式を執り行なっていた。そこに、Tさんは母親に連れられて訪問していたのである。

そこに、どこからやってきたのか一匹の猫が上がっていて、とたとたと仏さんへと近づいてくる。

「あっ、猫、猫。あかん、猫を仏さんに近づけるな」

「○○さんとこの、ひいじいさんみたいになるぞ」

それを見た周りの人たちは、そういいながら猫を追っ払ったのである。○○さんというのはTさんの家の苗字《みょうじ》である。

(うちのひいおじいちゃんが、どうしたんだろう)

そう思ったことをTさんは覚えているという。

Tさんが中学二年生になったとき、遠い親戚《しんせき》のお葬式があった。母親と一緒にその家に行って、この時はいろいろとお手伝いをした。

この時、母親からこんな話を聞かされたのだ。

「あんたのひいじいさんが死んだときな、ちょっと妙なことがあってな。それからはお通夜の番は必ず二人以上ですることになったんよ」

ただ、その妙なこととは何だったのかは話してくれなかった。

Tさんは成人して一時、大阪に住んだことがあった。その時、母方の祖母が亡くなった。それで五島列島の母の実家へ戻ったのである。

仏様の前で、祖父が泣いている。

慰めてあげようと祖父に近寄った。その時いきなり猫が視界に入った。そっと忍び寄ってきたようで、誰も気がつかなかったのだろう。猫はそのまま仏様に近寄っていくと、その仏様の腕をがぶりと齧《かじ》ったのだ。

Tさんがびっくりしていると、「あっ、えらいこっちゃ」「捕まえろ、あっちへ行ったぞ」と周りにいた人たちが騒ぎはじめ、猫は慌てて玄関から出て行った。ところが、その猫は玄関口で突然倒れたのだ。見ると死んでいた。

「あっ、ひいじいさんの時とおんなじやな」

それを見ていた人たちは口々にそう言っている。

「どういうこと？」

母親に訊《き》いてみた。すると母は「あれ、言うてなかったかな」と言って、こんな話をしたという。

ひいじいさん、というのはもともと鹿児島の人で、仕事の関係で五島列島に移り住んだ人だった。そのひいじいさんが亡くなったとき、一匹の猫がその遺体に近づいてきて、その腕をぺろぺろなめだしたかと思うと、がぶりと齧りついたというのだ。

するとその瞬間、ひいじいさんがむくっと起き上がったものだから、周りの人は度肝を抜かれた。

そしてみんなが呆然《ぼうぜん》と見ているなか、ひいじいさんは四つん這《ば》いになると玄関へ向かって走りだしたのだ。みんなは大慌てでひいじいさんを追っていったが、玄関口でばったり倒れたのだという。

「ひいじいさんは、二回死んだ」

その話が親戚じゅうに広がった。

それからだそうだ。お通夜は二人以上で寝ずの番をするようになったという。

悪魔祓い

Kさんは中学生のころ、英会話教室に通っていたという。

教室の掲示板にはよくイベントや集会の案内が貼ってあった。

「今思うとその教室は、あるキリスト教会とつながっていて、関心を持たせて入信させるっていうことだったんでしょうね」と彼女は言う。

ただし、直接的な勧誘はなく、あくまで興味があれば来てください、という程度のものだった。

ところでこのころ、幽霊騒ぎがあったらしい。

教会の布教活動は、外国人の若い男性二人一組で、自転車に乗って若い人たちに声をかけることで行なわれている。

彼らのことを宣教師という。

この若い宣教師たちは、宿舎で集団生活をしているが、その宿舎に幽霊が出るという噂が出たのだった。それは落ち武者の幽霊だということで、若い宣教師たちがこれを怖がっているというのだ。もちろん英会話教室にもその噂話は広がっていた。

当時中学生だったKさんは、その噂を聞くだけで怖くて怖くて、仕方がなかったという。

しかし一方で、英会話教室の中でも「あの宣教師たち、アメリカ人がほとんどだっていうけど、落ち武者というものをちゃんと理解できるのかなあ」「どうして落ち武者とわかるんだろう」という声もあったのだ。

教室に通うある人が集会に出て、宣教師たちに「落ち武者の幽霊が出るってほんと？」と聞いたらしい。すると、ぼろぼろの鎧兜《よろいかぶと》、あるいは褌《ふんどし》姿で、眼が潰《つぶ》れたり矢が刺さったりした傷だらけの男が現われる。それがとてつもなく怖いというのだ。

ある日、その宿舎で悪魔祓《ばら》いが行なわれたという。

なんでも、教会の伝導本部から長老と呼ばれる人がやってきて、聖水を撒《ま》きながら「悪魔よ、去れ！」みたいなことをしたらしい。

日本人の感覚としては「落ち武者の霊って、キリスト教からしたら悪魔なんや」とか「落ち武者の霊に、悪魔祓いって効くの？」など、いろいろ疑問が残ったりもした。

その後Kさんは高校に進学して、英会話教室には通えなくなったので、その幽霊騒ぎがどうなったのかは知らないという。

ただ、幽霊騒動のあった宿舎はしばらくして閉鎖されて、今は廃墟《はいきょ》となっているのだそうだ。

エクソシストのテーマ

Sさんという女性。「新しい携帯電話を買ったとき、私、面白半分で「チューブラー・ベルズ」という曲を着メロにしたんです。あの有名なホラー映画『エクソシスト』のテーマ曲です」と言う。

通勤の電車の中で着信すると『エクソシスト』の曲が流れる。すると周りの人が「なんだ、こいつ」という反応でこっちを見てくる。それがまた、面白かったらしい。

それから一週間ほどして、夜中に寝ていると突然その『エクソシスト』のテーマが大音量でSさんの部屋に響き渡った。

はっと目を覚まして携帯電話を手にしてみたが、誰からもかかってきていない。それなのに着メロが大音量で鳴っている。この時ばかりは曲が曲だけに「怖っ」と思った。

しかし音を止める術《すべ》がない。

着信があったのなら、着メロを止めるボタンがあるが、画面はホーム画面のままなので、音を止めることができないのだ。

「なんとかしなきゃ、なんとかしなきゃ」と、あちこちのボタンを押しつづけていると、ようやく曲が止まった。

「なに、これ？」

次の日、会社で仕事をしていると、また突然『エクソシスト』のテーマが大音量で流れだした。昨夜とまったく同じ状態。止める術がない。上司や同僚たちの目が向けられる。

「ヤバい、ヤバい」あちこちのボタンを押したり、長押ししたりしているうちに、曲は止まった。

そして、同じことが頻繁に起こるようになった。

着信がないのに着メロが鳴ること自体がおかしい。

携帯ショップに持って行った。

事情を話して「多分、悪魔の仕業です」と真剣に言うと、店員に笑われた。

「それ、初期化不良だと思います」と言われて、初期化してもらった。何もダウンロードしていない状態にすると、もう「チューブラー・ベルズ」は鳴らなくなった。

それから半年ほどたった。

その日は夏の日曜日。Sさんは部屋で寝っ転がってホラー・コミックを読んでいた。横に扇風機を置いていたが、なぜか突然、風が正面から来た。

「うん?」と前を見たが、原因はわからない。

隣の部屋に移動して、またコミックの続きを読みはじめた。

するとまた、携帯電話から大音量で『エクソシスト』のテーマが鳴りだした。やはり着信はない状態で鳴りつづいたのだという。

百三十円

営業マンのSさん。

外回りが多い仕事だが、この日は会社で事務作業をしていた。

コーヒーが飲みたくなった。

廊下に出るとトイレがあり、その近くに缶コーヒーの自動販売機がある。それを買おうと席を立った。ついでに、といっては何だが先にトイレに入ろうと思った。

缶コーヒーの値段は百三十円。

この時、財布を持ったままトイレに入ることにちょっとした抵抗感があったので、財布から百三十円だけ抜いて、ポケットに入れて席を立ったのだ。ポケットに入れたのは、五十円玉一枚と、十円玉八枚。自販機の前でお金が足りない、ということがないように、何度も確認した。

トイレを済ませて、自販機の前に立つ。

お金を入れる。最初に五十円玉。そして十円玉。
六十、七十、八十円……。

途中で、百二十円しかないことに気づいた。あれだけ確認したのに？

百十、百二十円。

やはり十円足りない。自販機の表示も百二十円になっている。

おかしいなと、ポケットをまさぐる。絶対に百三十円あるはずだ。十円、どこ行った？

床に落ちていないかと見てみた。

ない。

おかしい。でもないものはない。

仕方がないので、隣の百二十円の微糖ドリンクを買うしかない。そう思って百二十円のドリンクを選択した。

ゴトン、と微糖ドリンクが出てきたが、十円のお釣りも出てきたという。

山の集団

高校教師のF先生は、山に登って昆虫採集をすることが趣味である。

ある日ある山に、同じ趣味を持つ仲間二人、Kさん、Mさんを連れて登った。

その山は何度も訪れていて、土地勘はあったという。

季節は、五月の連休明け。登山口からしばらく歩いていると、脇に岩がある。そこに三十代の半ばと思《おぼ》しき男が一人、ぽつんと腰かけていた。だが、その男の姿というのが、ダウンジャケットに冬用のズボン、ニット帽にマフラーというもの。

その男を見て（あれれ）と思う。

今はぽかぽか暖かい。いや、歩いていると暑いくらいだ。なのになんだ、あの恰好《かっこう》。山の上は寒いのかな、と、まあそう思った。

「こんにちは」その男の前を通るとき、そう挨拶《あいさつ》をした。すると男の方も「こんちわ」と頭を下げて「昆虫採集ですか」と声をかけてきた。

見ればまるわかりだ。三人のいい大人が、虫取り網をもって虫かごをぶら下げている。「ええ、そうなんです」と答えた。

「お気をつけて」

「ありがとう」

そう言って別れた。

またしばらく歩くと、今度は小学校の四、五年生くらいの男の子がひょっこり現われて「おっちゃんら、なにしてんの」と訊《き》いてくる。男の子は真っ黒に日焼けしていて、ランニングシャツに短パン。

「虫取りや」

「ふーん」

男の子はそう言って、ガサガサッと藪《やぶ》の中に入り、ザザザザッとすごいスピードで走って、藪の奥へと消えた。

「なにあれ?」

「はやっ」

二人の仲間は驚いている。

Fさんも驚いたが「地元の子やからな。慣れてるんやろ」と、まあそんな認識だった。でもなんだか今日は妙な日だな、という予感はした。

目的地に着くと、目当ての昆虫探しに没頭した。けれども見つからない。

「おらんなあ」

「ほんまやねえ」

「このままではあかんわ。三手に分かれようか。そやな、正午ぴったりに頂上で落ち合おうか」そう言って、別れた。

F先生は一人で山を登りながら、目的の昆虫を探したが、なかなか見つからない。

すると、雑木林の向こうに老若男女二十人ほどの集団が山に向かっているのが見えた。

ところがそこは道もない斜面。そんなところをぞろぞろ移動している。しかも、そのまま直進すると断崖《だんがい》絶壁がある。

(あの人たち、危ないなあ)

F先生は雑木林の中へと入って行って、その集団に近づいて声をかけた。

「もしもし。その先へ行ったら崖《がけ》ですよ！　そっちは危ないですよ」

すると一番後ろを歩いていた女性がくるりとこちらを向いた。なんとその両手には赤ちゃんを抱いているではないか。

その女性は「そうなんですか？」と、ちょっとだるそうな返事をした。

「あの、この先は危ないんです。それにこんなところを歩いては足場も悪いでしょうに。頂上を目指されるんでしたら、こっちに登山道がありますよ。こっちを利用されるのがいいと思います」

こんな山道で、赤ちゃんを素手で抱いている女性に違和感を抱きながら、F先生はそう言った。

「じゃあ、道案内おねがいできますか」とその女が言う。

「ええ、いいですよ。僕も頂上へ行くところですから」

そう言うと、女性は前を歩く仲間たちに声をかけ、集団はF先生を先頭にして、頂上へと歩きだした。

「実は私たち、土地を見に来たのですが不慣れなもので」とF先生の真後ろを歩く、赤ちゃんを抱いた女性が話しかけてくる。

「ああ、そうですか」とF先生はあやふやな返答をした。この集団、何かがおかしいと気づいてはいるが、そう思う要因がわからない。

登山道へ戻って随分と歩いた。もうそろそろ頂上についてもいいころだ。

今、何時だ？

F先生は懐中時計を取り出すと、カパッと蓋《ふた》を開けた。その蓋の裏は鏡になっていて、時計を覗《のぞ》こうとしたとき、鏡に映る自分とその背後の様子がちらりと見えた。

「えっ⁉」

背後には誰もいない。いや、後ろから人が付いてきている気配はある。登山靴で土を踏みしめる音もちゃんと聞こえている。振り返ってみたいがそんな勇気はない。

もう一度、時計の鏡を見た。

いた。ちゃんと付いてきている。

じゃあさっきのは気のせいか。いや、これは何かがおかしい。

思わず立ち止まった。

すると「なにしてるんですか」「早く行きましょうよ」「なにを止まっているんですか」とせかす声がする。ただその声は平坦で感情というものが籠《こも》っていないのだ。

「あっ、はい。行きます」

鏡を覗き込んだまま先に進む。

違和感の原因が分かった。鏡に映っている人たちの顔のパーツがまずおかしい。

よく見ると、赤ちゃんを抱いている女性の顔の目がまずおかしい。

普通、目頭が鼻の近くにあり、目尻《めじり》は耳に近い部分を言う。だがこの女の目は逆だ。

目尻が鼻の近くにあり、目頭が耳の近くにある。唇のふくらみが外側にあって、その端に当たるすぼみが中心で重なり合っている。つまり……真ん中にあるはずのものが端にあって、端にあるものが真ん中で重なり合っている。顔のパーツが反転しているのだ！　ただし、鼻だけは上下逆だった。

(こいつらはこの世の者ではない)

そう思ったF先生。歩みを止めてくるりと後ろを向くと「ここ、まっすぐ行ったら頂上ですから。私抜きで行ってください。いいですね。私はここでリタイヤします」と、彼らに言った。

「えっ、でも」

「それは困ったな」と彼らは口々に不安を漏らすが、「いいですね。じゃ、私は別の道を行きます」ときっぱり言って、その集団とは別れた。

あたふたとF先生は登山道から外れて藪の中に入った。頂上を目指すもう一本の道がこっちにもあるはずだ、と探していると道が見つかった。ちょうどそこを別れた仲間のMさんが一人で歩いていた。

「おおい、Mさん」

「ああ、Fさん」

「ああ、会えてよかった。実はさ、さっき変な集団に遭っちゃってさ」

「変な集団？」

「そう。だからもう帰った方がいいと思ってるんだけど。Kさんは？」

「さあ、見かけんけど、ん、あそこにいるのがKさんじゃないか」

「あっ、ほんとだ、Kさんだ」

ちょうどここから頂上が見える。その手前にKさんがいて、あの集団がいる。

さっきより十人ばかり増えている。そして赤ちゃんを手に抱いた女性がKさんに話しかけていて、その声が聞こえてくる。

「道に不馴《ふな》れなもので。ご一緒していただけますか」

その時、Kさんと目が合った。

「おお、ええとこで会ったわ。この人らな道に迷ったって言ってるんだよ。頂上までもう少しだし、一緒に行ってあげようか」

「Kさん、行ったらあかん。やめとき」

Kさんは、「え、どうして」という顔をするが、F先生はそのまま赤ちゃんを抱いた女性に近づいて「あなたたち、さっき言ったでしょう。この道をまっすぐ行ったらすぐ頂上です。なんで誰かと一緒でないといけないんですか」

しかし女性は「はあ、あなた誰です？」と怪訝《けげん》な顔をしている。

三人はこの集団を振り切って、すぐにそのまま下山した。


あれから十年。

F先生は、久しぶりにMさんと電話で話していて、あの山での出来事が話題になったという。

「あの、十年前のあの妙な集団のこと、覚えてる？」

「ああ、覚えてる覚えてる。登山だというのに赤ちゃんを両手に抱いていた女の人いたなあ」

そう言ったMさんが「そういうFさんも妙なの連れて歩いてたよな」と言う。

「妙なのって？」

どうやらMさんは、あの集団の先頭を歩いているF先生を見ていたらしい。

「途中で別れて、しばらくしたら別の場所からあんたが頂上へ登っていく姿、見たんやけどな。何してるんやろうと、俺、不思議に思って見てたんだよ」

「えっ、俺、なにしてた？」

「キツネとも山犬ともイタチとも知れん二、三十匹の動物の集団の先頭を歩いてる、あんたを見たんだよ」

感じのいい男

Oさんという女性がいる。彼女は占い師をやっている。

彼女は言う。

「私、中途半端に見えたりするんですよ。もうちょっと霊感があったら霊を祓うことができたんだろうけど」

数年前のこと。

友人のS子さんと、そのご両親の四人で岡山県の、あるゴルフ場に行って、ゴルフを楽しんだ。その夜はカントリー・クラブ内のコテージに泊まった。

夕食を済ませると、部屋に入ってベッドに横たわってS子さんとおしゃべりをしていた。

いきなり、左手を摑《つか》まれた。

一瞬、S子さんかと思ったが、彼女は向かい側のベッドにいる。

すると次の瞬間、Oさんは廊下に立っていたのだ。

目の前に男がいる。顔ははっきりしないが、三十代半ば。ゴルフ場にいてもおかしくない姿で、感じのいい男。そこにS子さんの叫び声が聞こえてきた。

「きゃあ！　Oちゃんが消えた！」

はっと我に返ったOさん。

「ナムアミダブツ」と思わず口にしたら、横手のドアが開いた。

驚いているS子さんの顔があった。もう男もいなかった。

「なに、なんであんた、ここにいるのよ！」

「わかんないけど、男の人に連れ去られそうになった」


その夜は一部屋に四人で寝た。

ずっと水の音がしていたという。

それが、出しっぱなしの水道の音なのか、シャワーの音なのかはわからない。しかし水の音だというのはわかる。だが、後の三人はそれが聞こえていないのか、あるいは気になっていない様子だった。

翌朝、ゲストハウスで朝食をとっていると、ウェイトレスがやってきたので「ねえ、ちょっと」と声をかけた。

「ここの支配人さんに、ヘンなお客がそう言っていたと言ってもいいから、ここのコテージ、お祓《はら》いした方がいいと思いますと、伝えてもらえませんか」

そう手を合わせて言うと、ウェイトレスは「お客さんは、霊が視《み》える方なんですか」と言ってきた。

「いえ、そうじゃないのよ」

「だって、うち、出ますから」とウェイトレスが言う。「私も見ていますし、あそこでお皿洗っている人いるでしょ。あの人も見ています。支配人も見ていますよ」

「どんな幽霊を見たんですか？」と逆に聞いてみた。

ウェイトレスはこんなことを言いだした。

昼時、パーティー会場にお客さんが向かっていくのを見た。昼間にパーティーは開かない。

「あっ、お客さま、そっちには行かないでください」と言いながら、その客の後を追った。すると客はそのまま会場に入って行った。

（あれっ、カギ開いていた？）

閉まっていた。慌ててカギを出して会場に入ってみたが、誰もいない。出入口はここだけ。反対側はベランダ。しかしここは三階なので飛び降りるということも考えられない。それが三十代半ばの、ゴルフ場にいても違和感のない姿で、感じのいい男の人だったという。

「私だけじゃなくて、従業員のみんながその男の人、見ていますよ」

Oさんは改めて言った。

「やっぱり、お祓いしましょう」

獣臭

Fさんは、都内で葬儀屋をやっている。これは彼の体験談だという。

ある家族のお通夜を受け持っていた時のこと。

夜遅くに「お焼香させてください」と、一人の弔問客がやってきた。最初はFさんが対応した。それで「ちょっとお待ちくださいね」と、ご遺族に取り次いだ。するとご遺族の一人が出てきて、その弔問客に「どうぞどうぞ」と言いながら、案内した。ところが、この遺族の方は、弔問客と相対した瞬間、うっと顔をしかめて思わず袖《そで》で鼻を隠したのだ。

実はFさんも思った。この弔問客は、生臭いというか獣臭いのだ。

弔問客は、お線香をあげるとすぐ、逃げるように出て行った。

「どなたですか?」とFさんが聞くと「さあ」と、その遺族の方も首を傾げた。

翌朝、お坊さんがやってきた。しかし、斎場に入った瞬間「臭うな」と呟《つぶや》いた。

Fさんは「そういえば、昨夜《ゆうべ》こんなことがありました」と、そのお坊さんに報告すると、「やっぱり出ましたか」と言う。

「どういうことですか？」

するとお坊さんはこんなことを言ったのだ。

「いやな、気を利かせたというわけではないが、万一に備えて、棺《ひつぎ》の中に、お香と守り刀を入れておいたのじゃ。それが効いたんやろな。やっぱり出おったか」

なんのことかわからない。Fさんは「それって、いったい何が出たというんですか？」

「まあそうじゃな。人間ではないな」

それだけ言われたという。

「私は、火車を見たんだと思います」と言った。

実は、Fさんも案内されたご遺族の方も、その弔問客がどんな姿で、男であったかも女であったかも、まったく覚えていないのだという。

面布

Tさんは、夫と中学生の娘との三人暮らしである。

しばらくは専業主婦だったが、コロナ禍で夫の収入が減った。そこで、Tさんは十二月からパン屋でパートとして働くことになった。

大きなショッピングモールに入っているお店である。

仕事は、朝早くに自転車で出勤して、パン作りの準備を手伝うところから始まる。そしてパン焼きの工程を手伝ったり、焼きあがったパンを店に陳列したり、開店するとレジにも立つ。たくさんあるパンの名前や種類を覚え、仕事の手順もテキパキとこなすことが求められ、働きだしたころは叱られてばかりだったそうだ。

また、新型コロナの感染もなかなか収まらないこともあって、常に衛生状態に気をつけるようにと口を酸っぱくして言われる。時間が空くと休憩する間もなく、店内や厨房《ちゅうぼう》の清掃、トングやトレーの消毒などを入念に行なうことが求められる。

そして、パンの販売、接客、レジ打ち。その間「おうい、あれはどうした」「これ、ちゃんとなってないやないか。やり直せ」など、ともかくマスク越しに怒号が飛び交う。

ただ出勤が朝早い分、昼前になると仕事を終えて、帰宅することができる。

年が明けると、もう二日からお店は営業を開始する。Tさんも正月の寒空の下、いつものように早朝から出勤した。そしてその日の仕事を終えた帰りのことである。

このパン屋が入っているショッピングモールの近くに私鉄電車の駅がある。その駅の前には、小高い山を削った公園が広がっていて、一月二日の正午の風景がそこにあった。

晴れ着姿の若い男女、凧揚《たこあ》げをしている子どもたち、それを見守る親たち。いくつか露店も出ている。ただその男女も子どもたちも露店の店員たちもみんなマスクをしている。

朝からの仕事を終えてへとへとになりながら自転車に乗って帰宅の途中。そんな公園の様子を横目で見つつ、

（みんな楽しそうやなあ。けど今年は、コロナどうなるんやろ。子どもらもええかげん、マスク外して遊びたいやろうになあ）

そんなことを思いながら、ゆっくりと自転車を漕《こ》いでいた。

すると、その公園の中に妙なものを見つけた。

「あれ、なに？」

公園の奥に長い滑り台がある。小高い山だったところを切り崩して、その山を利用した滑り台で、この公園のシンボル的なものである。きゃっきゃと子どもたちが声をあげながら、けっこう長い階段を上ると、滑り台へ上がり長い滑り台を滑り降りている。その滑り台の頂上に、巨大な人がひとり、立っているのだ。

それは男で、ゆうに二メートルはある。

男は市役所の制服のような薄茶の作業着を着ている。そして、さっきまでTさんが働いていたパン屋が入っているショッピングモールの方を見ているのだ。

その男は、目にまぶしく入り込む太陽の光を遮るかのように、右手を額のあたりにあてている。ところがその男の顔の前に四角い布が垂れ下がっていて、顔は見えない。しかもその布には奇妙な顔のようなものが描かれている。

（あんなところに登ってみたって、布で見えへんやん）

思わず心の中でそう突っ込みを入れた。

しかしあんなに奇妙な大男が立っているのに、その前を子どもたちは平気で通って、滑り台を上り下りしている。子どもたちにはあの男は見えていないようなのだ。またその存在が邪魔になってもいない。そして、顔を隠している布も、何かで見たような気がする。

陰陽師《おんみようじ》の人が、被《かぶ》っていたような……。

（あっ、これ、おかしいわ。私、妙なもん、見てしまってるわ……）

そう思って、気にせんとこ、と帰ったのである。


その夜、店長から電話があった。

「今日、うちのショッピングモールの従業員から複数人のコロナ感染者が出たと報告があった。そやから、明日《あした》からショッピングセンターは全店閉店ということになって、うちも二週間ほど営業できひんことになった」

「えっ、ということはその間、お休みということですか」

「そうや。すまんけどそういうことになる。明日保健所が入っての調査と、おそらく業者さんが来ての全館消毒ということになるらしい。また、なんかあったらこっちから電話するわ」と言われた。

翌日、店長から全従業員に消毒作業の経過とその状況についてのメールが、写真が添付されて送られてきた。パン屋は食品を扱っているわけだから、消毒されると困るものもある。それを指示するために店長だけはいつもの通り店には出勤していたのだ。

その写真を見て、あっと声をあげた。

店を消毒している防護服に身を固めた作業員たちの顔に、あの布があったのだ。そして同時に思い当たったことがあった。

昨日の大男が着ていた薄茶の作業着は、保健所職員の制服だったのだ。スマホで検索すると間違いない。ということは、昨日見たものは、コロナと何か関係があるのだろうか？

さっそく店長にメールを打った。

〈なぜ、消毒業者の人たちは、顔のところに布を垂らしているのですか？〉

〈布って、なんのことだ？〉という返信が来た。どうやら店長にはその布は見えていないようだ。

では、私はいったいなにを見ているのだろう？　あとで夫や娘にもその写真をスマホで見せたが、顔に布などかかっていないという。

じゃあ、なに？　私にだけ見えているの？

そして、約十日ほど、職場は休みとなった。

あれから一カ月、ショッピングモールはいつものように営業を再開していて、もちろんTさんもパン屋さんで、忙しい午前中を過ごしていた。その帰り道でのことである。

自転車でいつもの道を通る。この先、神社があって、そこから道が二手に分かれる。

右へ行くとTさんの家がある町内へと入るが、左へ行くと娘が通う中学校への通学路となる。

その神社の前に数人の消防団の法被を着た男たちの後ろ姿があった。

みんな手に手に木の杖《つえ》を持っていて、ぞろぞろと列をなして、中学校へと向かっているようだ。

(あれっ、そういえば消防団の人たちって、あんな法被着てたっけ？　それに午後のこんな時間に消防団の人たちが中学校へ向かっているって、なに？　で、なんでみんな杖を持ってるん？)

そう訝《いぶか》りながら自転車を漕ぐ。そして法被姿の男たちの近くを通過した。

どきっとした。

男たちはみな、あの妙な顔のようなものが描かれた布を顔の前に垂らしていたのである。

そして、法被の背中にある文様は消防団のものではなく、○の中に、カタカナのコの字が描いてあったのだ。

(コ？　コってなんのこと。あ、まさか、コロナのコ？)

なんじゃそら、そう、正直思った。同時に不安感も生じてきた。

(ひょっとしたらこれ、中学校で感染があるっていうことなんかな？)

Tさんはそのままスーパーに寄ると、日用品と食料を買い込んで家に帰ったのである。

翌日、その中学校の先生と、生徒数人に感染が確認された。

一週間の学校閉鎖。

Tさん一家も濃厚接触者の検査を受けることになった。

一家からは陽性者は出なかったものの、町全体が自粛の強化に乗り出し、いろいろと不便な生活を強いられることになった。しかしTさん一家は、食料や日用品を買い込んでいたことによって、その不便さは最小限に抑えられたのである。

このころからだという。

Tさんは、この妙な面布をした人を日常的に見るようになったというのだ。

毒じゃ、毒じゃ

ある日、Tさんは店で接客をしていた。

すると、目の端にふっと、人が映りこむ。それが面布をしている。

えっ、と顔を上げるともういない。

また、お客さんの後ろに面布をした人がいる。

あっ、とそれを見ようとすると、顔から霧散する。

あるいは、パンを選んでいるお客さんの隣にそれが現われて、お客さんの顔を覗《のぞ》き込んでいる。その面布の人たちは男であるとも限らない。服装もいろいろある。たいていはTさんが目をやると、その場で霧散するが、中には消えずにお客さんの後ろについて、そのままお客さんと共に店を出ていく時もある。

そんなものを店に限らず、ショッピングモールや町でも見かけるようになった。

Tさんは面布の人たちが増えたりすると、胸騒ぎがしてスーパーに駆け込む。すると翌日か翌々日には、コロナ感染者の数が増えた、というニュースが出て、自粛を余儀なくされる。そんなことが続いたのだ。

そんなある夜のこと。

Tさんの枕元に、面布を付けた人たちがずらりと並んで現われたのだ。

いずれもそれは男で、七、八人はいた。今思うと男たちの服装は覚えていないが、顔に奇妙な顔のようなものが描かれた布を垂らしているその姿は、やはり異様だった。

いきなりそこにポンと出現した印象のあるその男たちは、手に手に木の杖を持っている。あの杖は、中学校へ向かっていた法被姿の男たちが持っていたものだと、ピンと来た。

その杖を、Tさんの一番近くに立っている男が、ぐいぐいとTさんに押しつけてくる。

そして声を出したのだ。いや、声ではなく頭の中に直接言葉が来たのかもしれない。

「この杖をお前に渡す。そしてこれは毒じゃ」

男は、Tさんに杖を渡そうとしている。それがなぜだかはわからない。

Tさんは心の中で（えっ、この杖は毒なんですか？）と尋ねた。

すると男は（毒じゃ、毒じゃ）、そう言ってまた杖を押しつけようとする。

Tさんは思わず心の中でこう言った。

（いえ、それは毒ではありません。私にとっては薬です）

なぜそう言ったのかというと、彼女は、こういった面布を付けた人が、陰陽師《おんみょうじ》とか、呪術《じゅじゅつ》的なことと関係あるとしたら、彼らの持っている木の杖は、櫟《いちい》の木で作られたものであろうと思ったからだった。

面布姿の人たちのことが気になって、いろいろネットや本で調べていたら、そういうことが書かれたものがあったからだ。そしてまた、彼女自身、数年前に癌になって、長期にわたって治療をしていたことがあったのだ。この時、抗がん剤として櫟の木からとった薬を使っていると聞かされていたのだ。

それでも面布の男は「毒じゃ、毒じゃ、これは毒じゃ」と言って杖を押し付けてくる。Tさんは（これは毒ですけれども薬です。もらいますけど薬です。私の命を救ってくれた、これは薬です）

すると、男たちの持っていた杖が、いきなりボワッと大木となって赤い実が生《な》った、ところで、ふっと我に返った。

今のは夢だったのか、それとも現実だったのか、定かではない。

その二日後のことである。中学生の娘さんがコロナ感染者となったのである。

Tさんは私にこう言った。

「それは夢の中での話かもしれないし、そうではない、ほんとうにその人たちはいたのかもしれません。なんだか記憶が混乱しているんです。でも、あれは、何かのメッセージやなかったかと思うんです。だから夢の中のことだとしても、あの時杖を受け取ればよかったのか、きっぱり断ればよかったのか、そんなことを今も思っているんです」

というのも、その翌日からは、いったん収まりかけていたコロナ感染の脅威が、またたぶり返していたのである。

後日譚

去年の夏のことだという。

ある夜、Tさんは娘さんと一緒に、洗面所で歯磨きをしていた。

ふと、気配がして前の鏡を見た。

Tさんと娘さんの後ろに、面布の男が立っていたのだ。

「えっ！」と、思わず声が出た。同時に、家で飼っている数匹の猫たちがこちらに向かって一斉に「カーッッ！」と威嚇の声を出した。

すると面布の男は、さっと霧散した。

はっとして、娘さんに聞いた。

「今の見た」

「なに？」

やはりあれは、Tさんだけに見えるようだ。後で思うと、面布の男が立っていたというより、面布だけがそこに浮いていたようだったという印象が残った。

翌日、家族三人でPCR検査を受けた。娘さんだけが再度陽性反応。しばらく自宅療養となり、Tさん夫婦は濃厚接触者として自宅待機となったという。

そういった一連の現象の気持ち悪さと持病の悪化もあって、Tさんはこの十月でパン屋のパートを辞めたのだそうだ。

そして、今となっては気になることがあったという。

それは最初、パン屋の厨房《ちゅうぼう》入り口に見たこともないお札が貼ってあったことだ。こういうところには、たいてい荒神さんのお札が貼ってあるものだが、それとは違う。

それがある日、きれいさっぱりと消えていたというのだ。

Tさんは言う。

「パン屋というのは、粉や油分を大量に扱います。ですから、壁に限らず全体的にどうしても薄汚れるんです。食べ物を扱うお店で、しかもコロナでしょ。衛生面が厳しい中、掃除は入念に行なうわけですけど、それでも埃《ほこり》や汚れは残るし、照明による日焼けはします。お札が剝《は》がれたら跡がつくはずですが、そのお札が最初からなかったかのように壁が綺麗《きれい》でした。結局、店長に確認することもなく終わりましたが、お札がなくなってから厨房内でも時々面布の人を見かけるようになったんです」

実際、厨房にいた同僚の横に、何度か面布の男が現われては霧散した日があった。

翌日、その同僚のご家族からコロナ陽性者が出たという。

怖い三階

サラリーマンのSさんとTさんが、ある雑居ビルの五階にあるスナックで飲んだ。勘定を済ませると、二人、エレベーターに乗り込んで一階のボタンを押した。ところが、三階で止まると扉が開いた。

漆黒の闇だった。

「怖《こ》わぁぁ」

二人で声をあげた。

次にその店に飲みに行ったとき、スナックのママにそのことを言った。

「漆黒の闇？　そんなことあるわけないでしょ。あ、でもね、三階でお店やってもみんなうまくいかないのよ」

ママはそう言った。

娘のユキ

主婦のHさん。

引っ越しが決まった。いよいよ三十年住んだ借家ともお別れだ。

引っ越しの当日。

トラックに乗り込んだ夫が、荷物を片付けているHさんに声をかける。

「お義母《かあ》さんたち乗せて行くから。その間に持っていく荷物を整理していてくれ。処分するものとちゃんと分けておいてくれよ」

「わかってる。じゃ私、残るから頼むね。ユキは適当に遊ばせておくから。じゃあね」

その時夫は、ちょっと怪訝な顔をして「じゃあ、とりあえず急いで戻ってくる」と言って、トラックを出して行ってしまった。

借家に戻って、荷物の整理にかかる。そして玄関のあたりでは四歳になる娘のユキちゃんが、キャッキャと笑っている声がする。近所の友達と遊んでいるようで話し声もする。

そうこうしているうちに、日も暮れだした。

「あっ、もうこんな時間。ユキのお友達、もう帰さなきゃ」

するとの玄関のあたりから「じゃあ、私、もう帰る。バイバイ」という声と「バイバイ」という娘の声が聞こえた。

やっぱりお友達、来てたんだ、と思って玄関を見た。

誰もいない。

「あらっ、いない。外に出たのかしら」

外を見るが、やはり誰もいない。

「じゃあ、うちの中？」

いない。どこにも娘の姿はない。

まさか、と思って近所の家を訪ねてみたが、来ていないと言われた。

大声で娘の名前を呼ぶ。

やはり返事はない。

(どうしよう)

パニックになった。

とりあえず夫を携帯電話で呼び出した。

「パパ、大変。ユキがいない」

「えっ、ユキがどうしたって？」

「いなくなったのよ」

「いないって、ユキはこっちにいるよ」

「えっ?」

「何言ってんだよ。さっき、お義母さんと一緒にトラックに乗っていたじゃないか」

「いつ?」

「ずっと乗ってたよ。なのにユキといるみたいなこと言ってたから、ヘンだとは思っていたけど」

「じゃあ、ユキはいたのね」

ホッとした。でもユキの声、ずっとしてたよね。あれは私の勘違い?

やがて、トラックに乗った夫が戻って来て、残りの荷物を運んで新居に移った。

その夜、Hさんのお母さんが言ってきた。

「そういえば、ユキがいないって電話してきたよね」

「そうそう。あれは私の勘違いだったみたいで、心配かけちゃったわね」

「それがね、お前からの電話、オンフックでみんな聞いてたんだけど、お前が『大変、ユキがいない』って言っている背後で、キャッキャという ユキの笑い声と『バイバイ』っていう幼い別の女の子の声がしててね。じゃあれは誰の声なのよって。ユキもそれ、聞いてたのよ。じゃあ、テレビでも点《つ》いてたんじゃないのって」

「テレビ？　もうとっくに運び出してて、そんなもんなかったけど……」

赤いマニキュア

M美さんは昔、新宿《しんじゅく》の歌舞伎町《かぶきちょう》で風俗嬢をしていた。

歩合制で単価が安かったので、何軒ものお店を掛け持ちしていたという。

ある夜、あるお店でのこと。

ようやく仕事が終わって、お店の備え付けの従業員用のシャワーを使おうとして、シャワー室に入った。

裸になると内鍵《かぎ》をかけて、シャワーを浴びる。

すると、フッと電気が消えて、室内が真っ暗になった。たまに、店長が「電気点《つ》けっぱなしじゃないか」と言って消すことがある。だから店長だと思った。

「店長さん、まだ入ってますよ〜」

そう声を出した。しかし返事もないし、電気も点かない。

「入ってますってば」

もう一度叫んでみたが、やはり返事もない。

仕方がない。

シャワーを止めて、バスタオルを体に巻くと内鍵を外して外に出ようとした。電気のスイッチを探そうとしたのだ。電気が消えたとはいえ、ここは歌舞伎町の中にある雑居ビルの一室。窓から外の明かりやネオンサインの光が差し込んできて、足元を照らしている。

その時「あっ」と思わず声を漏らした。

目の前に、真っ赤なマニキュアをした足の指があったのだ。

「誰か、いる！」

その足が、こちらに近づいてくる。

そしてその足の主が、外から差し込む明かりに照らされた。

どう見ても、ぼろぼろに焼け焦げた女だった。

M美さんは、この時悲鳴をあげて、その場にしゃがみこんでしまったらしい。

すぐに、ドアを叩《たた》く音。

「M美ちゃん、M美ちゃん、どうした？　おい、大丈夫か」

悲鳴を聞いて、店長が来てくれたようだ。シャワー室のドアは内側から鍵がかかったままだ。店長は入ってこられない。

しかしM美さんは、恐怖のあまりその体勢から動けない。しばらくすると店長の気配が消えたかと思うと、シャワー室のドアが開いた。店長がマスター・キーを使って入ってきたのだった。

「M美ちゃん、どうしたの？」

素っ裸でしゃがみこんで、泣いているM美さんが目の前にいる。

「M美ちゃん、どうしたの、どうしたの？」

ショックで何も答えない彼女に、さっとバスローブを着せると事務室へと連れて行き、落ち着くのを待った。やがて落ち着いたM子さんは、自分が見たものを報告した。

「ボロボロに、やけどをした、女の人が……足の爪に、真っ赤なマニキュアが……」

そこまで言うと、また泣きだしてしまった。

「そうか。怖かったろうね」

実は店長は知っていた。もうずいぶん前のことなので、ここで働く子たちにいちいち言わなくてもいいか、と黙っていたことがあったのだ。

歌舞伎町の雑居ビルから火災が発生して、多数の従業員とお客の死傷者を出したという事件があって、その場所に建て替えられたビルがここだったのだ。

M美さんは、このとき初めてそのことを聞かされたのだ。

怖くて、このお店をやめてしまったが、それでもM美さんは風俗嬢を続けていた。

ある日、同僚の女の子にその体験談を話した。するとその女の子も、同じシャワールームで同じものを見たことがあると言う。その彼女はこんなことを言ったのだ。

「その子のこと、私、かわいそうだなってその時思ったのよ。おそらくね、その子、真っ黒に焼けただれてしまったことを自覚しているのよ。だからこそ自分の姿をきれいにしたい。せめて黒焦げになった体を元に戻したい。シャワー室のその子って、そう思って出てきているような気がするの」

オオサキケイスケ

「僕の名前はオオサキケイスケというんです」と前置きし、ある男性がこんなことがあったと話しはじめた。

彼の趣味は、寝る前にネットで怖い話のサイトを見つけて、それを読むことだそうだ。

スマホの画面で怖い話の文字を追っているうちに、眠くなって心地よい眠りにつくのだという。

昨年の四月のこと。

いつものようにベッドに寝っ転がって、怖い話を読んでいた。

亡くなったはずのおばあさんがそのお通夜に、表を歩いていたという他愛のない展開。そこに遺族である親子の会話がある。だがその会話の間に〈オオサキ〉と書かれている。

会話に関係のない、なんの脈絡もない。もちろんそんな人物も登場していない。

（なんだ、このオオサキって？）

気にはなったが、そのまま読み続ける。

次の話。

高校時代の友人が、交通事故で亡くなったと知るシーン。これもよくある展開。

ふぅん、と読み続けていると、また脈絡もなく〈ケイスケ〉とあった。

（なんだ、これ……）

このまま読み続けて、こんど〈オオサキケイスケ〉と出てきたら、俺、逃げ場ないなあ。

そう思って、読むのを止めたという。

赤信号

大学生のM君が、彼女とデートをしていた。

別れたのは、夜の十一時。

「気ぃつけて帰りや」

と、駅まで送った。

その駅から自宅への帰り道。独り、とぼとぼと歩く。

外灯はまばらで、あちこちに闇ができている。人通りもなく、車もほとんど通らない。

なだらかな下り坂にかかる。ここを進むとしばらくして信号がある。

下りきって数十メートル先にその信号が見えてきたが、その横断歩道のところに女性らしき影を見た。それが赤信号だというのに、道を横断しようとしている。

「ああ、危ない!!」

M君は思わず声をあげた。

すぐそこに、こっちへやって来る車のヘッドライトが見えたからだ。

そのヘッドライトが女性を照らす。

白地に花柄のワンピース。背の高い若い女。もう、間に合わない！

車も、その女性を見た途端、急ブレーキをかけるが、そのまま女性に突っ込んでくる。

すると女性は、スルリとその車をすり抜けた。

「えっ！」

M君はそれを見た途端、体がフリーズしたという。

急停車した車のドアが開くと、若い男性が降りてきて「人ひいた、人ひいた、人ひいた」と独り言を言いながら、車のボンネットや車体の下を覗《のぞ》き込んだり、あたりを見回したりしている。

ふと、その男性と目が合った。

途端に、その男性がこっちへ向かって走ってきた。そしてM君に声をかけてくる。

「私、今、女の人、ひきましたよね」

「そう、みたいですね」

そうとしか言いようがない。

「その人、どこ行きました？」

確かに女は消えたのだ。そして、激突音も女の声もしなかった。

男性は頭を抱えて、混乱しているのがわかる。

これは、落ち着かせなければ、と思って「でも、多分大丈夫だと思いますよ」と、なんとか言うことができた。

「どういうことですか？」

「あなたは人をひいていないからです」

「はあ？」

「僕もその女の人をはっきりと見ました。白地に花柄のワンピース。背の高い女。でもあなたはその人をひいていません。だから安心してください」

そう言うと、その男性はなんとも言えない顔をして車に乗り込むと、走り去っていった。

M君は毎日のようにその道を利用しているが、そんなことは一回きりしかなかったという。

大黒柱

五月のある日、奈良県に住む主婦のSさんが、近所に住むM子さん一家のホームパーティーに誘われた。お好み焼きパーティーをするのだという。

M子さん一家は二年ほど前、近所に引っ越してきたのだ。

参加するメンバーは、気の合う人たちばかりだったので、M子さんのお宅へはじめて伺った。そのお宅は広々とした庭にウッドデッキが備えられていて、十数人が一度に座れる大きなテーブルがあった。そこでM子さんはお好み焼きを作って振る舞っている。M子さんのご主人もビールを片手にご機嫌で、たまにM子さんに代わってお好み焼きを焼いている。

一段落して、みんなでわいわいと歓談をはじめた。

M子さんのご主人は、引っ越し業者の現場主任だという。健康には人一倍気をつけていて、年に一度は必ず人間ドックを受け、趣味で始めたマラソンも、最近ではいろいろな大会に参加しているという。

それにしても、立派でおしゃれでおちついた趣のあるお宅である。

「ここ、ほんとにいいよね。なんだか癒《いや》される気がするわ」

Sさんは、家を見渡してそう言うと「そお？　ほんまにいいと思う？」とM子さんも嬉《うれ》しそうだ。

「でも、以前は大阪に住んではったんよね。なんでこんな奈良の田舎へ越して来はったんですか？」と何気なくM子さんに聞いてみた。するとその隣に座っていたご主人の表情が一変し、すっと立ったかと思うと「ちょっと散歩してくるわ」と、持っていたビールをテーブルに置くと、そっけない態度で出て行ってしまったのだ。

はっとしてM子さんを見ると、彼女もちょっと困惑した表情を見せている。

「あの、うち、なんか気に障ること言った？」

するとり「ちょっと……」と、M子さんに別室に呼ばれた。

「あのね、Sさん。実はこの家、主人のために特別に探した家なのよ」

「へえ、転勤でもしはったん？」

「そうじゃないのよ。もし、あのまま大阪におったら、主人、死んでいたかもわかれへんねん」

「えっ、死んでた？　あ、じゃ、ここには療養かなにかで？」

「あのね、Sさん。この話、ほんまやねん。聞いてくれるか？　それでもう、主人の前では二度とあんなこと言わんて、約束してくれる？」

「ええ、約束する。で、何があったん？」

するると、M子さんはこんな話をしたのだ。


十二年前のことだという。

主人が引っ越し業者ということもあり、たまたま見たある分譲マンションの部屋にほれ込んでしまったらしく、家族に何の相談もなく、勝手にその部屋に住むことを決めて来たというのだ。

「なに勝手なこと言うてんのよ。私だってここで手芸教室やってるんやないの。お客さんもついてるんよ。なんで一言相談してくれんかったのよ」

「けどな。すごくええねん、そこ。お前も物件見たら惚《ほ》れこむで」

「けどなあ。一方的すぎるんや。私だっていろいろ相談したい人おるし……」

実はM子さんには、いつも何かあると相談をしていた人がいた。Aさんという女性の占い師だった。彼女にアドバイスを受けることなく勝手なことはできない。それほどAさんのことを信用していたし、そのアドバイスはいつもいい結果をもたらしていた。

それなのに主人は手付金まで払って、引っ越しの日取りも、その段取りも決めてしまっているという。もうM子さんは怒り心頭に発した。しかし、言い争ったところで何も解決しない。

ともかく、主人と一緒に物件を見に行った。するとM子さんも、その物件を大いに気に入ってしまったのだ。

生駒山《いこまやま》の麓《ふもと》。高台にあって広くて間取りがいい。庭も広く見晴らしがいい。大阪の街が一望できる。さぞかし夜景が綺麗《きれい》だろう。そして、その価格も思ったより安い。主人が一目ぼれするだけのことはある。たちまちM子さんとご主人、高校生の一人息子、そして義母という一家四人が移り住んだのである。

そこからは、仕事も順調で笑顔の絶えない生活が続いた。

それから約十年。一人息子も高校を卒業し大学に進学し、就職して東京で一人暮らしをしていた。そんなある朝、お隣の奥さんが訪ねて来た。喪服姿だった。

「奥さん、知ってはる？　お向かいの角のおうち。Kさん。そこのご主人亡くなりはってんて。私、お手伝いに行くところやねんけど、おたく、どうされます？」

「えっ、あそこのご主人が？　急なことやね。まだ三十代やったん違う？　なんで死にはったん？　とにかく私も行くわ」

準備をして、M子さんもお葬式のお手伝いに行った。

聞くと、朝になってもなかなか起きてこないので、起こしに行くと、ご主人は布団の中で冷たくなっていたという。心筋梗塞《こうそく》と診断された。

「元気な人やったのにねえ」

「朝、会《お》うたら、いつもにこやかに挨拶《あいさつ》してくれてはったのにねえ」と、近所の奥さんたちは口をそろえて涙している。幼い二人の子どもも「パパー」と泣いている。そんな中、ここの奥さんは気丈にふるまっていたが、陰で泣いているところは何度も目撃した。

とにかく、可哀そうでならないお葬式だった。


二日後、（そや、これ、クリーニングに出さな）と喪服を持って表に出ると、また喪服姿のお隣の奥さんがいた。

「あれ、どうしはったん？　またそんな格好して」

「それがな、一昨日《おととい》お葬式があった角のおうちのお隣さん。ご主人亡くなったんよ」

「ええっ、どういうこと？」

「今朝、救急車の音聞こえんかった？」

「あっ、してた」

「私、たまたまゴミ捨てに表に出てたら、救急車やらパトカーやらが来て、何やろと思ったんやけどね、そこのご主人、心筋梗塞で急に死にはってんて。そういうことやから、今から私お手伝いに行こうと思うてんねんけど、奥さん、どうしはる？」

「じゃあ、うちも行くわ」

また身支度して、一緒にその家に行った。

亡くなったそこのご主人は、葬儀会館に勤める四十代半ばの人。その前日まで人間ドックに入っていて〈どこも異常なし〉というお墨付きをもらって帰って来て、その翌朝、亡くなったのだという。

心筋梗塞、ということになってはいるが、正直その原因はわからないという。

「なんやろね、これ」

近所の人たちも、これには首をひねった。

四、五日たったある朝、玄関のチャイムが鳴った。出て見るとまた喪服姿のお隣の奥さんが立っていた。物凄《ものすご》い形相だった。
「どうしはったん？　まさか」

「この前亡くなった葬儀会館の人の二軒隣のCさんのお孫さん。昨日会社帰りの途中、車に跳ねられて亡くなりはってんて」

「え、Cさんのお孫さんて、うちの息子と同じ年やなかった？」

「そう、二十五やったかな。ともかく私、お手伝いに行くから」

「うちも行くわ」

Cさんは、奥さんと孫との三人暮らし。孫は両親に早くに死に別れ、Cさん夫婦が親代わりに育てたという。大学にも通わせて、就職して三年目のことだった。

今は就職して、東京で一人暮らしをしている息子と同じくらいの年だったことを考えると、自分のことのように辛《つら》くて、Cさん夫婦を気の毒に思った。

お葬式が終わってしばらくして、Cさんの家の前にトラックが停まっていて、荷物を運びこんでいるのを見た。

「あら、Cさん。引っ越しはんの？」

そう声をかけた。

「そうなんよ。おじいさんと二人っきりでは、ここ広すぎるさかいにな。そやから引っ越しますねん。M子さんにはお世話になりましたな。ありがとう」

Cさんの奥さんは、そう言って頭を下げる。

「そうですか。寂しゅうなりますねえ。でもまた近くへ寄ったら、うちへ遊びに来てくださいね」

そうM子さんが言うと「ありがとう」と言ったCさんの奥さん。語気を強めてこの後、こんなことを言った。

「けど、もうここへは二度と来ませんわ」

「そ、そうですよね。お孫さんのことを考えたら、ここにいるの辛いですもんねえ」

するとCさんの奥さんは、もっと怖い顔をした。

「いいや、ここにおったら、じいさんまで持って行かれそうやから」

それか一ヵ月もたたないうちに、またM子さんの玄関のチャイムが鳴り、喪服姿のお隣の奥さんがたっていた。

「え、今度は誰？」

その姿を見た途端、思わず口からそんな言葉が出た。

「この前引っ越しはったCさんのうちの裏に住んではった、Kさんの奥さんや」

「Kさんの奥さんて、E子さん？　なんでまた」

「それがな、私も昨日お元気な姿みて、挨拶したんや。それが昨夜《ゆうべ》、くも膜下出血で亡くなったって」

そのお宅はご主人が胃がんで入院している。それで奥さんのE子さんが懸命に働き、その医療代、二人の娘の教育費、そして生活費を稼いでいた。いわばK家の大黒柱であった。

「あの奥さん、亡くなったんや……」

呆然《ぼうぜん》とした。まだ四十代半ば。

こうなると近所には「次は、誰誰ちがうか」「うちに来たらどうしよう」という噂が流れ出した。特に、一家の大黒柱が急死するという、恐ろしさ、やるせなさは、近所一帯に広がり、その不安感、焦燥感も漂うようになった。


そんな時だった。

元気だったM子さんのご主人の様子が、なんだか変わってきたというのだ。

原因は、ちょっとした仕事のミスだったが、そのことが気になってか、内にこもるようになり、鬱《うつ》の状態となった。

何より、あれだけ食べることが好きだったのに、食欲が落ちた。食事を摂《と》ろうともしない。

その代わり、毎日浴びるように酒を飲むようになった。そしてくだをまいて、家族につらくあたるようになる。一切暴力を振るわなかったのに、気に入らないことがあると、モノを投げつけたり、殴りかかろうとする。そうかと思うと「俺なんか、死んだらええねん。どうせ、生きる価値もない男や」と沈みこむ。

M子さんは、懸命にそんなご主人をなだめたり、気を取り直すようにするが効き目はまったくなく、ますます酷《ひど》い状態に陥っていく。

そんな時「ここにおったら、じいさんまで持って行かれそうやから」というCさんの奥さんの言葉が頭をよぎった。

（いやいや、そんなはずはない。そんなこと、あるはずがない）

そう、自分に言い聞かせるが、だんだん不安になってくる。

（うちの人も、ぽっくり逝くかもしれない。あかん、相談に行かな）

ふっと、占い師のAさんのことを思った。そんな頃、また一家の大黒柱であった五十代の男性が、自宅の風呂場《ふろば》で亡くなった。心不全とされたが、このマンションの住人だった。


占い師のAさんに電話をした。何も言わないのにいきなり「M子さん。今、えらいことになってるよ。一刻も早く、今住んでいるところから離れなさい。とりあえず今から来れる？　アドバイスしてあげるから」

事情を説明する前にそう言われたので、すぐにAさんと会う約束をした。

「あの土地はようない。生駒の山はな、神聖な信仰の山やけど、ああいう場所は何かを間違うと容赦のない祟《たた》りが発生する。それに巻き込まれてるわ。とにかくそこから離れなさい。そやね。東。奈良県の方角へ引っ越しなさい。すぐにでも」

そう言ってAさんは、地図帳を取り出すと、奈良県のあるあたりを示した。「このあたりに行きなさい」と。

M子さんは、すぐに実家に電話をした。

「お母ちゃん、悪いねんけど、今からうちら一家、そっちへ行くからしばらく住まわしてえな」

「急にそんなこと言われても困るわ」

「ええから。今から行くから」

そして主人とその母を説き伏せて、嫌がるのも聞かず、その日のうちに三人はSさんの実家に転がり込んだのである。

翌日から、新居探しがはじまった。もうあのマンションには一時もいたくない。奈良県のある町の不動産店を訪ね、何軒も見て回った。そしてある家を見た時「ここだ！」と直感が働いた。Aさんに連絡すると「そこにしなさい」と言われた。

すぐに引っ越し業者に連絡して、生駒のマンションの家財道具を取りに行かせた。同時にリフォームを急がせ、数日後にはその新しい家に引っ越した。

それが、今、お好み焼きパーティーをしているこの家なのだという。

「それでね。ここに引っ越してきた途端、主人の容態がよくなってね。食欲が戻って来て、よお食べるようになって。私やお義母《かあ》さんにつらく当たることものうなったし。笑顔も戻って来たんや。ほんでな、主人がいうわけ。『わしは今まで一体、何をしとったんや。あんなことでしょぼくれて、お前らにつらく当たったって。今思うと、何かにとり憑《つ》かれとったみたいや』って。それで最近はマラソンに加えて、ジムにも通うようになって。元に戻ったんや。ほんま、あのマンションでの最後の数ヵ月は、悪魔にとり憑かれたようやったわ」

そう言って、M子さんは笑顔を見せた。

「その生駒のマンション。まだあるん？」

「そら、あるやろね」

Sさんは、なんとなく興味がわいたのだ。そして行ってみたくなった。ところがM子さんは信じられないことを言った。

「それがな、どこにあったか、わからへんねん」

「わからへん？　どういうこと？」

「そのマンション、私も主人も全然思い出されへんねん」とM子さんは言う。

「そんなことあるわけないやん。十年以上、そこに住んではったんでしょ？　住民票かてありますやん。住所が書いてある手紙とかハガキとか」

「それがな、ここに引っ越した時、旧住所について書かれたもんが一切なかってな。いただいてた十年分の年賀状も一枚もないねん。あそこで撮った写真も一枚もない。不思議でしょうがない。それでいっぺん私、気になって生駒山の麓《ふもと》までは行ったんやけど、そこからの行き方がどうしても思い出されへんねん。それでな、人が次々に死んでいったのが誰と誰と誰いうことは覚えてるけど、その時住んでいたそのマンションの外観もその間取りも、実は、まったく記憶がないねん。私と主人だけやない。お義母さんも、息子も……なぜか、全然記憶がないって……」

M子さんの話は、そこで終わった。

落ちる

Hさんは北九州《きたきゅうしゅう》市の出身だという。

子供の頃過ごしていた実家は、鉄筋コンクリートで造られた二階建てだったが、戦後間もなくに建てられたというだけあって、造りも古く、二階に上る階段も急勾配《きゅうこうばい》だったという。普段から階段を下りる時は、怖いのでなるべく下を見ないようにしていた。

一階は、祖父の仕事場と応接室。二階はわりと広い居間になっていて、家族は居間で寝ていた。

ある昼間、居間にHさんが一人でいると、下から名前を呼ばれた。

廊下に出て、見るのが怖い階段から下を見下ろした。

すると、腰のあたりをポンと押された。

あっ、と言う間もなく階段を転げ落ちた。

このままでは死ぬか、大けがをする!!

ところが同時に血相変えて祖父が走ってきて、受け止めてくれたのだ。

わけがわからずキョトンとしているHさんに、祖父はこう言った。

「なにかわからんが、悪い予感がした」

アイヌの人形

Cさんという女性から、三十年ほど前に体験したという話を聞かせてもらった。

夏休み。小型自動車のジェミニに乗って、一人で二週間ほどの北海道旅行を楽しんだ。

特にホテルの予約などはせず、泊まりはキャンプ場やユースホステルを利用した。施設を使わないとヒグマが出る危険性があるそうだ。こういった旅の楽しさは、気ままに車で北海道を見て回れることと、キャンプ場で会った人たちと宴会をすることだという。

ある日のこと。

「ちょうどいい距離のところに、温泉付きのキャンプ場がありますよ」と泊まっていたユースホステルのスタッフから教えてもらった。

温泉付きのキャンプ場って、最高じゃん。

そう思ってその日は、そのキャンプ場を目指して、道道を走った。県なら県道だが、ここは北海道なので道道である。道知事が認可して管理しているというだけあって、整備が行き届いていて、すいすいと走る。ところが、そのまま山の中に入ったら道に迷ったのだ。

道道はほぼまっすぐで、迷うことなどないはずだ。どこをどう間違ったのかがわからない。

カーナビのない時代。地図を広げて今いる場所を確認しようとするが、さっぱりわからない。なにか、目印になるモノはないかしら……。

そう思って車を走らせていると、『お菊《きく》人形安置場・萬念寺《まんねんじ》』という看板が見えてきた。

(お菊人形……。あ、思い出した。テレビで見た！)

なんでも、大正時代に年の離れた兄が、三歳になる妹、菊子《きくこ》ちゃんのために女の子の市松人形を買ってあげた。でもその菊子ちゃんはしばらくして亡くなって、残された人形の髪の毛が伸びだした、とかいう話だった。菊子ちゃんの霊が宿ったとかで、永代供養としてお寺に預けられた。それが萬念寺だったとか、そんな内容のテレビ番組だった。

(ここだったのか)

ちょっと興味がわいた。土産話の一つになるかもしれない。

そのまま、萬念寺に立ち寄った。

インターフォンを鳴らすと住職が出てきた。

「お菊人形さんにお会いして、弔いたいのですが、できますでしょうか」と尋ねると、

「それはそれは」と、人形が供養されているお堂へと案内してもらった。

中に入ると、テレビで見たお菊人形が棚の上に安置されていた。そして、全国から供養のためにと送られてきたたくさんの人形も並んでいる。

「すごいですねえ」と言いながら人形たちを見ていると、一体の人形に触れてしまったらしく、その髪の毛が指に絡まったのだ。

あら、大変、とばかり解《ほど》こうとするが、解けない。

「あのう、すみません。私、ヘンなことしちゃったみたいで、人形の髪の毛が指に絡まって解けなくなりました」

「あっ、それはいけませんなあ」

住職も髪の毛を解くのを手伝ってくれるが、まったく解けない。

ところがその人形を見て、

(あっ、この人形、うちにもあった)

と思い出したのだ。

かわいらしい長い黒髪の女の子の人形。アイヌの衣装を着ている。胴体の部分は紙

でできているが、頭、手、足の部分はプラスチックだ。別に珍しいものでもない。北海道ならばどこでも売っているお土産用の人形だ。だから、うちと同じ人形がここにあっても不思議なことではない。

　でも、少し気になって、人形の足の裏を見てみた。

「あっ！」

　そこにはサインペンで、Cさんの名前が書いてあったのだ。その筆跡も母のものに違いない。ということは、この人形はうちにあったものということになる。

（えっ、なんで？）

　子どもの頃、よくこの人形で遊んだ。しかしCさんが成長するにつれ、人形とは遊ばなくなった。それを見て母が「このままじゃかわいそうじゃない。せめて埃《ほこり》がかぶらないようにしてあげなきゃね」と言って、ガラスのケースに入れてリビングに置いた。

　それからしばらくは、この人形のことは気にもしなくなったが、何年か前、テレビで萬念寺の髪の毛の伸びる人形を放送していた時、なんだか気になって、部屋にあるアイヌの人形を見たら、この人形の髪の毛も明らかに伸びていたのだ。

「こわっ」

　家族で気味悪がった。そういう記憶がよみがえってきた。

住職に電話を借りたいというと、寺の置電話のところまで案内してくれた。さっそく家に電話をした。すぐに母が出た。

「ねえお母さん。うちに髪の長いアイヌ人形あったよね。あれ、まだうちにある？」

すると母が言う。

「ああ、あれね。あんたが北海道旅行するって言ってたから、次の日に北海道のお寺に送ったわよ。あれからもずっと髪の毛が伸びていたみたいだったし、そうした方がいいかなと思って」

「それ、どこのお寺？」

「ほら、テレビでやってたじゃない。萬念寺ってお寺」

「お母さん、私今、その萬念寺にいるのよ！」

「えっ、ほんとなの？」

「たまたま道に迷ってこのお寺に来ちゃったのよ。実はね……」

Cさんは、今の状況を説明した。そしてその人形の髪の毛が今も自分の指にからまって解けないので、今、その人形といる」

「ああ、だったらそれ、あんたと一緒にいたいのよ。ご住職に訳を言って、持って帰れるものなら持って帰りなさい。お母さん、お経あげてあげるから」

「わかった」と言って電話を切り、今の母との会話のことを住職に言った。

「そうなされた方がいいようですね。持って帰っておあげなさい」

「ありがとうございます。そうします」

Cさんがそう言った途端、人形の髪が指からハラリと解けた、という。

「今はその人形、私の家にあります。今も髪の毛が伸びているので一年に一回、カットしてあげているんですよ。それでね、あの時人形の髪の毛がからみついていたのって、私の右の小指だったんです。私、あの人形と指切りげんまんをしたような気がするんですよ」

Cさんはそう言った。

常連の客

あるタクシーの運転手から聞いた話である。

お客さんに乗ってもらっているこの車ね、これ、いつも私が使っているんです。でも、一度、車検と修理を兼ねて整備に出したことがあるんですよ。でも、その間も仕事しなきゃあならないんでね。同じ会社の同僚の車を借りたんですよ。

そんなある日、三十代くらいのサラリーマン風の男性を乗せたんです。そしたらそのお客さんが、「運転手さん」と呼びかけてきたんです。

「何ですか」と返事をしました。そしたら、

「俺の隣におばあちゃんが座ってんだけど」と言うんです。

「はっ?」

いきなり何を言ってくるんだと思いましたが、お客さんですからねえ。

「ああそうですか」って話を合わせたんですよ。

「いや、これね。いつも私が使っている車と違うんですよ。同僚の車でしてね。私の

車は今、車検に出ていましてね。だからよくわかんないです。何かあったんですかねえ」

　まあ、そんな対応でごまかしました。現に、私にはそんなもの見えていませんでしたから。

　後日、同僚に車を返す時、

「なんかさあ。この前お客さん乗せたら、こんなこと言われたよ」って、笑い話のつもりで言ったんです。そしたらそいつが言うんです。

「ああ、それな。この車でいつも送り迎えしている常連のお客さんにな、おばあちゃんがおったんや」

「おった？」

「そや。二週間前に、亡くなりはったんや」

　そんなことを言われました。

心霊本

私の若いころ、一九七〇年から八〇年代にかけて、心霊写真を掲載した本が流行《はや》ったことがあった。

当時小学生だったOさんも、そんな心霊写真に興味をもったのである。

特に有名になった心霊写真シリーズの第一巻が、欲しくて欲しくてたまらない。しかし親にねだっても「そんなくだらないもの」と一蹴《いっしゅう》されることは間違いないし、恥ずかしくて買ってともいえない。しかし、近所の本屋さんでは売っている。とうとう誘惑に負けて、おばあちゃんの財布からお金をくすねると、本屋さんに走ったのだ。

ついに、待望の本を自分のものにした。

その夜、自室でその本を貪《むさぼ》るように見た。

「わあ～、こえ～な～。わっ、こんなん写るかあ」

一人で怖がって、一人で突っ込みを入れながら、存分に心霊写真を楽しんだ。

その夜のことである。

夜中に、ふっと目が覚めた。すると部屋の天井近くに青や紫色の風船のようなものが、大量に浮かんでいた。よく見るとそれは風船ではなく、人の顔だった。色々な顔が部屋に浮かんでいる。Oさんは「ギャッ」と悲鳴をあげると、布団を頭まで被《かぶ》って朝になるまで震えたのである。

こんなことが、その夜以来、三日続けて起こった。

これは、あの本のせいに違いない。

そう思ったOさんは、学校に行くカバンにその本を忍ばせ、友人のN君に譲ることにしたのだ。彼もこの本をえらく欲しがっていたからだ。

「おっ、譲ってくれるの？」とN君は喜んでその本を受け取った。

その夜からは、怪しげなものがOさんの部屋に出ることはなくなった。

それっきり、そのことは忘れてしまったのである。

Oさんは大学に進んだ。東京の大学を出てそのまま東京で就職し、東京のワンルームマンションを借りて、東京での一人生活を楽しんでいた。

ある日神田《かんだ》の古書街で、その懐かしい心霊本を見つけた。

「わっ、懐かしいなあこの本。子どもの頃、これ持ってたよなあ。へぇ〜、こんなの見て怖がってたんだ。でも懐かしいなあ。安けりゃ買って帰ろうかなあ」

値段を見ると百円とある。

買って帰った。そしてその夜、心霊写真をパラパラと見たのである。

その夜中、ふっと目が覚めた。

「ギャッ」と叫ぶと、また布団を頭まで被って震えた。

あの風船のような顔が、部屋いっぱいに浮かんでいたのである。

そして思った。

(やっぱり、あの本のせいだ)


朝になって思った。

あの本は、当時売れに売れた本だ。あの本のせいで怪異が起こるとしたら、何万件とそんな情報が寄せられて話題になったはずだ。でもそんな話は聞いていないし、知らない。

まさかと思って、裏表紙を見てみた。というのも、彼は子どものころから、自分のモノにはサインペンで自分の名前を書く癖があったからだ。

するとあった。自分のフルネームが。しかも自分の筆跡。

やっぱりこれは、自分が子どもの頃に持っていたやつだ。しかし、この本は友人の

N君に譲ったはずだ。急いで小学校の卒業生名簿を開くと、N君の連絡先を確認して電話をしてみた。

N君が出た。

「よお、久しぶり」

「ああ、何だお前か」

しばらく他愛のない話をしたが、「ところでさ」と話題を変える。

「小学校の時、お前に本、やったよな。心霊写真の本」

するとしばらく沈黙があった。

「どうした？　覚えている？」

すると「あれ、えらいめに遭ったんだからな」と、N君が急に怒りだした。こんなことがあったという。

読みたかった心霊本。その夜、夢中になって心霊本を楽しんだ。ところがその夜中、ふっと目が覚めたのだという。

「そしたらさ、電気が消えてるのに、何だが部屋がぼおっと青白い明かりに照らされてて。あれっと天井見たら、青や白の風船みたいな顔がいっぱい浮いていたんだよ。それがすごく怖くって。そんなことが三日三晩続いたんだ。これはもう、あの本のせいだ、と思って封印したんだ」

「封印？」

「そう。俺が持ってた宝箱の中に入れて、鍵《かぎ》をかけて物置小屋の奥の方に隠した」

N君はそう言う。

「それ、その後どうした？　売った？」

「いや、怖くてあれから見てない。おそらく物置小屋にそのままあると思う」

「それ、ほんとにある？」

「おそらく」

「じゃあ、捜してみてくれんか？」

「どうして。なにかあったのか？」

「いいから。捜してみてくれ」

「わかった」

ここで電話が切れた。

三十分ほどしてN君から電話があった。

「あのな。物置小屋に宝箱、確かにあったぞ。けど、本がないんだよな」という。

「ない？　家族の誰かが本を取り出して古本屋に売ったとか？」

「それはない。というより、確かにあの本、この箱に入れて鍵をかけたんだよな。その鍵はずっと引き出しの中に入ってて、今開けてみたんだけど……ない。どこ行ったんだ？」

「やっぱりか。実はな、その本。今、俺が持ってる」

「はあ？　なんで？」

「昨日、神田の古本屋街で買ったんだ」

「それはまた別の？」

「いや。裏表紙に俺が書いた俺の名前があった。お前にやった本だ」

「え、どういうこと？　そもそもこの箱はこの鍵がないと開かないし、無理やりこじ開けたなんて跡もないし。しかもなんで神田に？」

すごく不思議な気がしたという。

早番

Hさんという女性は以前、ある空港で働いていた。

職場に出勤するとき、早番、中番、遅番というのがあったという。

早番の人は随分と朝早くに出勤して、職場の掃除などをする。

そして三十分ほどして中番が出勤してくる。

ある日、Hさんは早番で、スタッフルームに入って掃除をしていた。そこにはカウンターがあり、その上にはスタッフの私物などが置いてある。そのカウンター越しに、人の顔が見えた。どうやら奥の出入口から入ってきたようだ。

ポニー・テールの女性。

(Sちゃんだ)と思った。

(あの子、今日中番なのに早いな)

ところが掃除を続けていてわかった。Sちゃんどころか、誰もいないのだ。

(あれ？　Sちゃん、さっきここに入ってきてたよね)

そこに「おはよう」という声が聞こえて、Sちゃんが入ってきた。

「あ、Sちゃん。なにしてたん？」

「なにしてたんて、私、中番やから今出勤してきたんやけど」

「えっ、じゃ、私の勘違い？　でも、ポニー・テールの子って、あんたしかいないよね」


何日かして逆のことが起こった。

Hさんが中番で、Sちゃんが早番のとき、「Hさん、なにしてたん？」と言われたのだ。

「なにって、私、今日中番やから今出勤してきたんやけど。えっ、なにがあったん？」

そんなことがたまに起こる。


ある日、Hさんが中番で出勤すると、早番だったSちゃんから「ちょっと聞いて。今怖いことがあったの」と言われた。

ついさっき、掃除をしていると、ポンと、背後から押されてつんのめった。

「でもね、その直前に、私の後ろを横切るHさんがいたのよ」

それからは、全員で早番出勤することになった。

忍者レストラン

数年前までは、京都市に忍者レストランというものがあった。

レストランではあるが、大きなステージがあり、そこで忍者ショーをアトラクションとして見せる。特に外国人に人気があったようだ。

店そのものも広いスペースとなっていて、レストランのスタッフもショーを見せるチームの人たちも、全員インカムで連絡を取り合っていた。

たまに、イヤホンから子どもの声がすることがある。

「そうだよ」とか「これからね」とか言っている。

これは絶対にありえない。

子どもの声がするということは、マイクに向かってしゃべっている子どもがいるということになる。スタッフはそれを知っているのでそれがとてつもなく恐ろしいと感じるのだが、仕事中なので、そのまま作業を続ける。

休憩時間に「ところで、子どもの声、聞こえたよね」と確認する。

「ああ、聞こえた。『いらない』って聞こえたけど」

「そうそう。あれって、どういうこと？」

そしてみんなでゾ〜ッとする。

そんなことがたまにあるのだ。


ある日、百人ほどの団体さんから予約が入った。大広間に案内した。

大広間からトイレに行く通路があり、トイレの隣に喫煙ルームがある。二、三人入れば一杯になる狭いスペースである。

団体さんの宴会が終わって、お客さんは帰って行った。後片づけを三人のアルバイトが担当する。おしゃべりをしながら作業をしていた。するとそこにオーナーが入ってきた。

「おいおい、喫煙室にまだお客さんおるやないか。いらんことしゃべってるとお客さんに聞こえるぞ。仕事はちゃんとやってくれよな」と注意された。

「すみません」

アルバイトの一人が通路に出て、トイレの方向を見た。確かに喫煙室に男がいて、煙草を吸っている。

「あっ、ほんとだ」

お客さんが帰るのを待った。しかしおかしい。お客さんが残っているはずがないのだ。

いつも、お客さんの全員が退室したことを確認してから清掃に入る。トイレも喫煙室ももちろん確認している。

「いるわけないやん」

そう思ってもう一度、通路を見た。

誰もいなかった。

出入口は一つ。さっきの男が出ていくには、アルバイトたちが作業している大広間を通るしかない。しかし誰も大広間には入ってこなかった。

喫煙室に入ってみると、煙草の煙と匂いが残っていた。

大毎地下名画鑑賞会

東京でフリー・ライターとして活躍しているSさんという女性。

一度だけ、不可解な体験をしたという。

三十年ほど前。彼女は大阪の大学へ通っていた。

そのころ、大阪の西梅田《にしうめだ》に「大毎《だいまい》地下劇場」という名画座があった。ロードショウ落ちした映画や、昔の名画など二本立てを五百円で鑑賞できた。毎週上映作品が変わるので、彼女は毎週のようにこの劇場に通っていたという。

Sさんの記憶によると、このビルの地下一階にその「大毎地下劇場」があるが、十一階には毎日文化《まいにちぶんか》ホールがあって、不定期ながらも「大毎地下名画鑑賞会」も開催されていた。実は筆者も、この「大毎地下劇場」によく通い、「大毎地下名画鑑賞会」を楽しみにしていたもので、大変に懐かしい。

今はもう、そのビルもない。

ある日、Sさんは大学の講義が午前中に終わってしまって、午後からは一人で映画鑑賞をしようと「名画鑑賞会」を開催中のホールへと足を運んだ。

堂島の地下街を歩き、いつものビルのエレベーター・ホールに入った。

エレベーターは三基ある。一番左は十一階、真ん中が十階、右は九階へと昇る。当然Sさんは左のエレベーターに乗り込んだ。このあたりは、毎日新聞社、朝日《あさひ》新聞社、サンケイ新聞社が立ち並ぶビジネス街で、このビルもいろいろな会社や商社が入っている。なので、エレベーターのドアが開くたびにかっちりしたスーツを着たサラリーマンやOLが出入りしている。

しかしSさんは学生なので、ここには不釣り合いなカジュアルな服装をしていた。

「ああ、今日は名画観賞会やってるからなあ」というヒソヒソ声も聞こえる。

十一階に昇りきった時にはもう、Sさん一人しか乗っていなかった。

扉が開く。

(あれ？　何もない)

いつもなら、会議用の長机が置いてあって、そこにチケットのもぎりをしているスタッフがいて、その前にお客さんが行列を作っている。入り口は開いていて、その中に床に置かれたむき出しの大きな映写機が見えるはずだ。

それがない。電気も消えている。人っ子一人いない。

(あれっ、おかしいな。今日って上映会のある日やんな。なんで？　日付、間違った

んやろか）

バッグに忍ばせてあった情報誌を取り出すと確認した。間違ってはいない。

（じゃあ、時間を間違った？　これから準備しはるんやろか）

ちょっと様子を探ろうと奥まで歩いてみた。エレベーターと逆の方向に、ジュースの自動販売機がある。そこまで歩いてみた。

ホールの中が見えるが、パイプ椅子一つ置いていていない。人気《ひとけ》もない。

（階を間違ったんかなあ）

たまにしかない鑑賞会なので、そうかもしれないと思うようになった。でも、十階という切りのいい階数ではなかったという記憶はある。ということは……。九階だ。左のエレベーターじゃなくって、右側のエレベーターに乗るべきだったんだ。

エレベーターで降りずに、階段を使って二階分降りた。十一階は最上階で上へ行く階段はないので、そこは躊躇《ちゅうちょ》はなかった。

九階。

そこは、まったく記憶にない会社の入ったフロアだった。場違いな恰好《かっこう》をしている自分が恥ずかしくなって、「わあああ」と大声を出して、そのまま階段を一気に一階まで駆け下りた。

すると大毎地下劇場へと降りる階段があり、その前に大毎地下名画鑑賞会のポスターが貼られていた。

『トラック29』『マリリンとアインシュタイン』

本日上映。

十一階、毎日文化ホール。時間も間違っていない。もうすぐ上映が始まる。

もう一度、左のエレベーターに乗り込むと十一階へ昇った。

扉が開くと、会議机が置いてあり、人がいっぱい並んでいる。

「はい、五百円です」というスタッフの声もする。Sさんはそのまま歩いて奥にあるジュースの自動販売機の前に立つと、「私、あんたの前、さっき通ったよな」と機械に向かって話しかけた。そうでもしないと、納得できなかったのだ。

奇妙な体験だったが、映画は観てよかったと思った。

ただ、あの無人の空間にずっといたら、またも戻ることができなかったら……。

今はそんなことを考えるという。

神隠し

二十年ほど前のこと。

その時、この話をしてくれたAさんは、大学院生だったという。

弟がいた。高校を卒業してすぐに就職して半年。二人は早くに両親を亡くしていて、兄弟二人だけの生活をしていた。

二人には共通した趣味があった。虫の観察である。


その年の初秋のこと。

Aさんは、隣の県に珍しい昆虫がよく採れる山があることを知った。それで弟を誘って行ってみることにしたのである。

山に入ると、昨日降った雨のため地面はぬかるみ、山頂には霧がかかっている。

しかし、虫はいっぱいいるようだ。

しばらく歩くと、ブナの木の原生林が広がった。二手に分かれて、しばらくは兄弟二人、夢中になって昆虫採集に集中したのである。

すると「兄さ〜ん、兄さ〜ん」という弟の声がする。

「どうした？」と、頭を上げる。

「兄さ〜ん、兄さ〜ん」

助けを求めているような声。

「どうした！」

声のする方向へ急いで行くと、弟がいた。なんだか顔面蒼白《そうはく》である。一点を見つめたまま棒立ちしている。だが、Aさんの顔を見ると安心したような表情を見せた。

「なんだ、どうしたんだ？」

Aさんがそう問うと、「いや、なんでもない。兄さん、もう帰ろう」と弟は言うと、帰り支度をしだした。ここに来て、まだ一時間もたっていない。

「なんかあったのか？」

そう聞いても、弟は首を横に振るだけで何も言わない。だが、弟の様子を見ていると何かあったことには違いない。この時、なんだか嫌な予感がしたという。

仕方がない。Aさんも弟と一緒に下山することにした。

やがて、来た道をそのままとって返して歩きはじめた。だがどうしたわけか、歩けども歩けども下へと行く道にたどり着けないのだ。どうやら、同じところをぐるぐる回っている。

「おい、ちょっと待て。なんだか様子がおかしいな。来たときは一本道だったよな。なんでこんなことになってんだ？」

　ふっと、弟を見ると、なんだか泣きそうな顔をしている。

「お前、やっぱりなんかあったろう？　言ってみろよ。何があった？」

　すると弟は「いや、きっと、言っても信じてくれないから」と言う。

「言わなきゃわからないじゃないか。いいから言ってみろよ」

　すると弟はこんなことを言いだしたのだ。

「さっき、虫を探してて、なにげなく顔をあげたんだ。そしたら、細い木の幹の後ろから白い腕が一本出ていて、こっち、こっち、と手招きしていたんだ。木の細さからして、その向こうに人がいるとは思えない。それで兄さんを呼ぼうとしたら、ふっと腕は消えて。ところがしばらくすると、また同じ腕が別の木の幹の後ろから出ていて、さっきと同じように手招きする。それが三回続いたんだ。俺、なんだか気味が悪くなって。それで兄さんを呼んだんだ」

　冗談を言うような弟ではない。聞いていてなんだかゾッとした。

「ともかく、早くこの山を出よう」

　しかしやはり景色は変わらない。気がつけば、いつの間にかあたりに霧が立ち込めだした。このままでは本当に道に迷ってしまう。

「お前、ここで待っとれ。俺、道探してくる」

Aさんはその場で弟を休ませて、一人下山道を探すために霧の中を歩きだした。霧はますます濃くなっていく。これはほんとにヤバイことになった。そう思って弟のところへ戻ろうと、踵《きびす》を返すと霧の中に人がいた。

女だった。

若い女のようだが白髪で、白装束のようなものを身にまとっている。そしてAさんを見ると、ニヤッと笑ったのだ。

瞬間、Aさんは総毛立った、という。

女は、Aさんに向かってお辞儀をした。その時に女が言った言葉。

「ありがとうございました」

そして目の前で、ふっと消えたのである。

「なんだ……今のは……」

するとすぐに「兄さ〜ん、兄さ〜ん」と弟の声がして、霧の向こうから弟が姿を現わした。血相変えて、こちらに向かって走ってくる。

「どうした！」

「あっ、兄さん。ヤバイよ、殺されるよ!!」

「は？　どういうことだ？」

弟は、そのままAさんの目の前を駆け抜けようとする。明らかに何かに追われているることがわかる。

「ヤバイヤバイヤバイ」

「おい、走るな！」

Aさんはその弟の手を取ろうと、手を伸ばした。すると、霧の中から無数の白い手がわらわらと出てきて、弟を包みこむと、そのまま霧の中へ引きずり込もうとする。

Aさんも慌ててその弟の手を摑《つか》もうとするが、すべってうまく摑めない。

「兄さん、殺される、殺される!!」

そう叫びながら、濃霧の中へ消えようとしている。

Aさんも弟の名前を呼びながら、なんとかその手を摑んで引き戻そうとするが、弟がしている腕時計に触れたのが精いっぱいだった。

霧の中に、弟は消えた。

気がつけば、腕からすり抜けたらしい、その弟の腕時計だけがAさんの手元に残った。

しばらくして霧も消えたが、弟はそれ以来行方不明となったのだという。

祭

弟がいなくなってから二年後、Aさんは大学時代の同じ趣味を持つ友人に誘われて、ある山に昆虫採集に行ったという。

しばし、友人と離れて森の奥へ踏み入った。

すると、鈴の音が遠くから聞こえてきた。

「鈴？　なんだろう。祭かなあ」

鈴の音は一つではなかった。この先に大勢の人がいる。面白そうだ。

そう思って鈴の音がする方向へと歩きだした。

しばらく歩くと、まだ昼間だというのに薄暗い森の中に、ポツポツと明かりがある。

近づいてみると、何人かの人が松明《たいまつ》を持っていて、その火の明かりだった。

飾り立てた戸板のようなものを十人くらいの男たちが、神輿《みこし》のように担いでいる。

その前後に、松明を持った人、鈴を鳴らす人たちが共に歩いている。

祭にしては妙だ。人々は一応に無言で、鈴の音だけがある。

担がれた戸板のようなものの上に、人が座っている。

さらに近づき、目の前でそれを見る。

戸板に乗って担がれている人も男のようで、白装束のようなものを着て、正座をしている。頭に細長い紙で作ったような角があり、その顔は、白生地に赤い手形がたくさん付いた四角い布で隠されていた。

(なんなんだ、これは？)

明らかに、奇妙な光景。するとなぜか、担がれている人の左手が目に留まった。

「あっ!!」

その男の左腕。日焼けの跡がある。それが、腕時計の跡の形だとわかったのだ。

あの時、Aさんの手元に残った弟の時計。それは就職祝いとして弟にプレゼントしたもので、ベルトが個性的な鎖状になっていたのだが、その日焼けの跡が、まさにその時計の跡のように思えた。

弟だ!!

その顔は布で隠されているがAさんは確信した。一瞬、声をかけようとした。

しかし、そうするとすべてがこの場で消えてしまうかもしれない、と思いとどまったのである。

ともかく、弟は生きていた。

それが分かったのだ。

Aさんはそのまま黙ってその一行を見送ると、友人と合流して、山を下りたのである。

ちなみに、その山は弟が消えた山とはまったく別の県にある、別の山だったという。

捜索

山で見た弟の姿。

なぜかその左手が目に留まり、腕時計の跡を確認して、弟だと確信した。

しかし、こんなことがあるのだろうか。

きっと弟は、あるいはその周りにいた人たちは、何かのメッセージを自分に送ってくれたのだろう。そして、山は別世界、別次元で繋《つな》がっているのではないか。Aさんはそう思うようになった。

山で起こった奇妙な現象が原因で弟を失い、奇妙な現象として弟を見た。ということは、山で起こる怪異現象を探れば、弟の行方の手がかりがつかめるかもしれない。そして、昔から言われる神隠しとは、このような現象のことかもしれない。そう思った。

また、山では今も同様の怪現象が起こっていて、弟のような目にあう人がほかにもいるのかもしれない。だとすれば、そういうことを減らしたり、救ったりすることもできるかもしれない。

Ａさんは、この時から怪異を求めて、そして手がかりを求めて、全国の山々に登るようになったのだという。

「山には、我々人間が理解できないことが今も起きているはずだ。それを見極めるのだ」と確信を持ちながら。

神輿のようなものに乗った弟を見てから、十年たった初秋のこと。

弟が消失した山を一人で登った。

あの時と同じ日であった。前日に降った雨で地面はぬかるみ、霧も出てきた。弟がいなくなったあの時と状況が似ている。だんだん霧が濃くなってきた。

胸騒ぎがした。

今度は自分が消えるかもしれない。そんな恐怖に襲われた。

霧も深くなって視界も悪くなったので、いったん車に戻り、霧が晴れるまで仮眠をとった。

二、三十分たっただろうか。

ふっと、目覚めた。

霧は晴れていた。すると視界に妙なものが入ってきた。山道の路肩にこんもりとした土饅頭《どまんじゆう》のようなものがある。そこから白い布のようなものが出ている。

(なんだあれ。さっきまであんなもの、なかったのにな)

気になって車を降りて、近寄ってみる。

白い布のようなものは、すぐに衣服だと分かった。しかもよく見ると、弟が消えた時に着ていたものだ。慌てて掘り起こした。

弟の死体があった。

うずくまるような格好で半分ミイラ化していた。

すぐに警察に通報した。


現場で警察は首をかしげるばかりだった。

まず、Aさんが「これは十二年前、この山で行方不明になった私の弟です」と主張したが、警察は「ありえない。おかしい」と言う。

弟が消えたあの日、地元警察はAさんの通報を受けて、あたりを捜査している。この警察官もその捜査をした一人だった。また、その翌日には地元の消防団にも協力してもらって、山狩りも行なった。その時は何も見つからなかったのだ。

だが、今はすぐ目につくような場所に、遺体が埋まっている。

誰かが運んできたという形跡もない。

半ばミイラ化しているということは、長い間ここに埋まっていたということになる。

その間、誰も気がつかなかったということがまず考えられない。

第一、この山は霧もよく発生する湿気の多い場所であることから考えて、ミイラ化することと自体が考えられないのだ。

変死体として扱われた。

後日、Aさんは警察から遺品を受け取った。

検視の結果、遺体はAさんの弟であることが確認され、やはり亡くなって十年ほどたったものだという。そして、遺品の中に一通の手紙があった。遺体の服の中にあったそうだ。ただ、そのわりには新しい手紙にも思える。

読んでみた。Aさんに宛てたものであった。

しかし、文脈がでたらめで、何が書いてあるのかはわからない。意味不明の言葉も並んでいる。ただ、筆跡は弟のものだとわかる。

要領は得なかったが、こういうことが伝えたかったんだろうなということは分かった。

それは、

〝あの日、兄さんと別れてからいろいろなことがあった。でも、今まで俺なりに生きてきた。きっと兄さんは、俺のことを捜しているだろう。心配をかけてすまない。ま

たろくな恩返しもできないまま帰れなくなったことを、申し訳なく思う……。〃

というようなものであった。

これがいつ書かれたものかはわからない。そして彼はいったい、どこでどういう状況で何をしていたのだろう。そして、死因はなんだろう？　どういう状況で亡くなったのだろう？

一切は、今も謎のままだそうだ。

そして、Aさんの山の怪異を求めての探索は、今もつづいているそうだ。

憑かれやすい体質

「幽霊とか霊体とか、そういうことを信じていいのかどうか私にはわかりません。でも、こんなことがあったんです」とNさんが言う。

二十年ほど前、彼女が二十代だったころ、大阪市内のバーで働いていた。

同じお店に、Aちゃんという女子大生がいて、週三日ほどのシフトでアルバイトをしていた。このAちゃんという娘《こ》が、霊感体質といっていいのか、ともかく夜遅くまで店にいると、何かの気配を感じたり、何かを見てしまうということが多いらしいのだ。

一緒にいると「あそこにいるよ」と、たまに指摘されるが、Nさんにはまったくわからない。

ある日、某会社の社長だという中年の男性がお客として来店した。二、三度お店で見た顔だった。印象としては口数の少ない人だったが、この時はAちゃんを見ると「君、なにか憑《つ》いてるよね」と言った。するとAちゃんは黙ってコクリと頷《うなず》いた。

「困っているようだけど、うちへ来なさい。お祓《はら》いしてあげよう」

Nさんは、この社長さんにいろいろ聞いてみたという。すると、別に霊能者というわけでもないし、お坊さんや神職の資格を持っているわけでもなかった。ただ、そういうことがわかるらしく、困っている人を見るとボランティアで、ちょっとした助言やお祓いをすることがあるというのだ。

社長はA子ちゃんに「いつから困ってるの？　随分長いんだろ？」と言っている。するとA子ちゃんは、恥ずかしそうにしてこんな話をしだしたのだ。

「実は、私の初体験は、お化けだったんです」

Nさんは驚いた。そんな話は初めて聞く。仕事をしながら二人の会話を聞く。

それは高校生の頃のことで、実家で寝ていると、それがやって来るのがわかったというのだ。いきなり耳元で吐息がして目が覚める。そして体を触られる感触がする。ゾゾッと鳥肌が立つ。でも、体は動けない状態で抵抗もできない。

相手は目には見えないが徐々に息遣いが荒くなって、興奮が高まっていっているのがわかる。そして挿入された感覚が確かにあって、その後、その気配は消えるのだという。毎日ではないが、週に何度かはある。

こんなこと、親にも先生にも相談ができずに悩んでいた。

高校を卒業したと同時に大阪に出て、一人暮らしを始めたら、そういうことはなくなったらしい。ところが最近、引っ越しをした。するとまた頻繁に同じようなことが起きるようになった。こんなことは恥ずかしくて誰にも言えない。また、もうそれが自分の体質であると、半ば諦《あきら》めていたと言うのだ。

「今度のお休み、いつ？　うちに来なさい。お祓いをしてあげるから」と社長は言うと、A子ちゃんに名刺を渡して帰って行った。

二日後、お店にやってきたA子ちゃんの顔が明らかに穏やかで、涼しい表情をしていた。

「もしかして、お祓いしてもらったん？」と聞くと「うん」と明るい表情を見せる。

一昨日《おととい》、例の社長さんの家に行ったのだという。

通された部屋は、別段神棚や仏壇があるわけでもない、普通の書斎。その隅に呼ばれて、まずこんなことを言われたらしい。

「これは、僕の考え方だよ。人によっては、背後霊とか守護霊がある方がいいっていうけど、僕はそういうものはまったくない方がいいと思っている。だから僕のお祓いを受けたらそういうものの一切を失くしてしまうという除霊をするけど、それでもいいかい？」

よくわからないが「はい」と返事をしたら、呪文《じゅもん》だか念仏だかをぶつぶつと唱えられて、お札を持って帰るように渡された。

「このお札は、今晩手に持ったまま寝なさい。何があっても手放さないように」と言われた。

ただ、それだけのことをしてもらって、一人暮らしのマンションに帰った。謝礼金のようなものも求められなかった。

するとその夜、こんなことが起こった。

夜中、ベッドに横になっていたが、なんだか眠れない。

するとマンションの窓に何かがぶつかるような音がしだした。ガラスにバン、バンと衝撃が伝わり、ガタガタと揺れるのだ。また、玄関のドアをしきりに叩《たた》く音がする。

部屋全体の空気が重く、冷たくなり、薄い霧のようなものが漂いだした。

誰かが部屋に入ってきた、気配がする。

と同時に「入れてくれ、入れてくれ、入れろ、入れろ」という男の声がどこからともなく聞こえる。

仰向《あおむ》けに寝たまま目をつむって、もらってきたお札をぐっと握って、それらに耐えた。

どうやら、何者かがそこにいるが、それは私に近づくことができない。社長さんからもらったお札が効いている……。A子ちゃんはそれを確信したという。

やがて気配が消えると朝だった。

「そしたら、そこからなんだか心が洗われたような気分になって、晴れやかって感じになったんですよ。そして昨夜《ゆうべ》はもう、なんにもなかったんですよ」と、A子ちゃんは笑顔を見せる。

Nさんはそういった話をまるまる信じたわけではないけれども、そういうこともあるのかと、彼女の表情を見て思ったという。

ただ、その後一度だけ、NさんはA子ちゃんのその一人住まいのマンションに遊びに行ったことがあったそうだ。

驚いた、という。

そのマンションの道路を隔てた建物が、かなり大きなセレモニー・センターだったのである。しかも彼女の部屋の玄関のドアとセレモニー・センターの玄関がまるで合わせ鏡のような位置にある。A子ちゃんは、自身で霊的なものを感知する体質だと自覚しながら、なぜこんな場所に住んでいるのか不思議に思ったという。

自分

Aさんという女性が田舎から上京して、一人暮らしをするために東武東上線《とうぶとうじょう》の東武練馬《ねりま》駅付近のマンションを借りた。1LDKで四万五千円と格安だったのだ。

ある夏の午後、部屋で昼食を済ませて、洗い物をしていた。

すると、トイレの水が流れる音がした。

Aさんの手が止まった。

(えっ、私一人しかいないんだけど、なんで?)

トイレのドアがガチャリと開くと、人が出てきた。

それは、自分だったのだ。俯《うつむ》いているAさん自身。

それが、ゆっくりゆっくり歩いて、自分の前を横切ってリビングのドアを開けると中へと入り、パタンと閉まった。

(えっえっえっ、今の何? 自分?)

服装などは覚えていないが、あれが自分自身であったことは確かだ。

はっと気づいて、リビングのドアを開けて室内を見た。

昼間だというのに、電気が点《つ》いていて、閉め切っていたはずの窓が全開になっていた。

もちろん、誰もいない。

ただ、風が来て、顔に当たった。

窓から来た風だったのだろうか。

持ち込まれたビデオ

十四歳の時から密教の修行をやらされていたという、Mさんという女性がいる。

もともと霊的なものを見てしまうという体質であったらしく、母に勧められて半ば強制的に密教僧の弟子にさせられたという。

師匠となった密教僧は普段はお寺の住職をしていたが、高野山《こうやさん》で阿闍梨《あじやり》としての修行を積んでいたこともあって、一般の人からの霊的な相談が多く寄せられていたそうだ。

それで修行があけても、「お前、そういうのが見えるんだったら手伝いに来い」と言われて、霊障や霊的な相談があれば馳《は》せ参じることになった。一度、師匠と共に愛媛県の小学校全体を浄《きよ》めたこともあったという。

今の彼女は一般男性と結婚し、就職もして普通の生活をしているが、それでも霊的な相談をたまに持ち込まれる。だから今もって随分と奇妙な現象を見たり、不思議な体験をすることも多いのだそうだ。

そんな中で、忘れられないことがある、という。

そんな話を聞かせてもらった。

十年ほど前のこと。ある若い夫婦からDVDが送られてきた。

〝これはうちのマンションで撮れたものです。いったいこれは、何が映っているのでしょう。原因はなんでしょうか〟という手紙も添えられていた。

さっそく見てみると、お母さんが赤ちゃんをあやしながら「あぁら、かわいいわねえ」と言っている。ビデオカメラはその赤ちゃんの表情を映している。

すると、チャイムの音が鳴った。

「はぁい」と、彼女はその場にカメラを置いて、対応に出た。床に置かれたカメラはただ部屋の家具類を映している。だが、インターフォン越しに、訪問者とのやりとりをしている声だけは聞こえている。

「はい、どなたですか?」

彼女の声ははっきり聞こえているが、相手の声はボソボソとしか聞こえない。

「え、なんですか?」

「………………」

「おたく、誰なんですか?」

「………………」

「そんな人、知らんて。間違いですよ」

「…………」

「はあ、なんなんですか？」

「…………」

「間違いですよ。それ、うちじゃないです！」

「…………」

「だから、うちじゃないです！」

「…………」

彼女の声がだんだん苛立《いらだ》ってきているのがわかる。

「おたく、なんなん！」

そこで応対が終わった。そして赤ちゃんの元へとやってきて、再びビデオカメラを手にすると、また赤ちゃんの顔を映し出した。そして「なんだったんでちょうねえ」と言いながら、赤ちゃんをあやしだした。

また、チャイムが鳴った。

「あっ、またさっきの人や。なんなんや、あいつ」

そう言ってまたカメラを置くと、インターフォンへ駆け寄る。この時は、カメラが偶然、インターフォンが見える位置に置かれ、インターフォンの画面をちゃんと捉《とら》えている。

そこには、肩にかかる髪にパーマがかかっていて、タートルネックの女性が映っていた。

「なんなんですか。さっきからなんですか」

彼女は画面に向かってそう言っているが、相変わらず、訪問者の言葉は聞き取りにくい。

「だから、間違っています。うちは〇〇ですけど。違いますってば。そんな名前の人はここにはいません。いいかげんにしてください」

そこで対応は終わって、また赤ちゃんのところへ戻ってくる。

カメラを手に取るとまた赤ちゃんの顔を映し出す。

「なんなんでしょうねえ。気持ち悪いでちゅねえ」

そう赤ちゃんに語りかける。すると赤ちゃんがぐずりだした。

「あっ、おしめ替えましょうね。ちょっと待っててねえ」

そういうと、またカメラを録画状態のまま、ポンと床に置いて、おむつの準備をしだした。

今度は、カメラのレンズはベランダを映し出している。そこに、人影がある。

パーマの髪にタートルネックの女。さっき、インターフォンに映っていた女だ。

そこにまた、チャイムが鳴る。それはさっきと違う音だ。

「えっ、なんで」と、ひどく怯《おび》えた彼女の声が聞こえた。

おそらく、さっきのチャイムはマンションの一階のエントランスから鳴らした音。今のはこの部屋の玄関のチャイムである。誰かがこの部屋の前まで上がってきたのだ。

チャイムは鳴りやまない。

「え、なになに。怖いんだけど」

そう言いながら、母親は玄関へと走って行く。

その瞬間、ベランダにいた女の影はふっと消えたのだ。

おそらくドアスコープを覗《のぞ》いたのだろう。「ヒッ、なんで」という呟《つぶや》きが聞こえた。

そして、またチャイムが鳴る。

「ちょっと。なんでそこにおるん？　だから違います違います。来ないで。来ないで」と、ドア越しに叫んでいる。

「帰ってよ。お願いだから帰って！」

今度はドアが叩《たた》かれる。

「ちょっとなに？　怖いよ。怖いよ」

そう言いながら、彼女はこちらに走ってやってきて、そのまま奥のリビングに入ったり出たりを繰り返しだした。どうやら荷造りをしだしたようだ。

そこに、あの女が映りこんでいる。パーマのかかった髪にタートルネックの女。

この部屋の中に立っている。だが彼女はそれに気づいていない。

やがて座り込んで荷造りをしている彼女の横に姿を現わして、女は彼女の顔を覗き込もうとしている。彼女が立ち上がって何かを取りに行こうとして、ぽんとカメラを蹴《け》ってしまう。レンズの位置が変わるとベビーベッドが映りこんだ。またカメラが蹴られてくるくるっと映像が回って、今度は赤ちゃんの顔を覗き込んでいる。すると今度は画面の端っこに女が映りこんでいる。この時はただ、テーブルに置かれた。

しばらくして、荷造りができたのか、机の上に置いてあったカメラを手に取ると、母親は自分にカメラのレンズを向けて「今、何がおきているんでしょうか？　なんかわかりませんが、めっちゃ怖いです」と訴える。

その真後ろに、女の顔があった。

そこで、映像は途切れた。

〝これはいったい、何が起きているのでしょうか？　すごく怖いんですけど。このビデオが撮れて以来、怖くてあのマンションに戻れません。それで今、夫の実家に仮住まいをしています〟というようなことが、手紙には書かれていた。

女の顔は、どんよりとした影のようでよくは認識できなかったが、他ははっきりとした人の姿だったそうだ。

真夜中の宴会

数年ほど前のこと。

Hさんが、Mさん、Zさんというバイク仲間を誘って、ゴールデンウィークに岐阜県の白川郷《しらかわごう》へ行こうということになった。

誘われたMさんは言う。

「でもな、朝早《は》ように大阪を出ても、休憩とったりするやろうから、向こうに着くの夕方やぞ。観光できひんぞ」

「だったら、前の日に出て、どこかでキャンプしよう」

「おう、だったら準備は俺にまかせてくれんか」

言いだしたHさんがキャンプ用具を揃え、キャンプ場を予約した。

当日、やはり夕方近くに到着した。キャンプ場に行ってみると、ゴールデンウィークということもあって、たくさんのテントが張られている。なんだか割り当てられた場所も狭いような気がする。

「思ってたのと違うな。ここ、やめようか」

Hさんはそう言った。以前、彼は北海道を一人でツーリングしたことがあった。その時のキャンプ場は景色もよかったし、自然が満喫できた。おかげで食事もうまかったし、施設の利用代も安かった。でも、ここは雰囲気がよくないし、そのわりには料金も高いように思われた。しかし、Zさんは言う。

「別のところを探すったって、今、ゴールデンウィークやぞ。他のキャンプ場に行くにしても同じようなもんやろ。ここを移動して、空きがあるのかどうか」

「実は、俺、ちょっと心当たりがあるんやけど」

そうHさんは言うと二人に付いてくるように促し、バイクにまたがって今来た道を数キロ戻った。そしてあるところでバイクを停めると「ここ」と指さした。

手前に材木置き場があって、その向こうに森があって石段が見える。

「ここ？ 石段があるけど、神社で？」

「なんか向こうにテント張れるような気がする。とりあえず上ってみようや」

三人はバイクを降りて、石段を上りはじめた。五十段ほど上ると鳥居が見えた。さらに上ると神社の境内が広がっていた。森に囲まれたそこには、大きな社はなく、小さな祠《ほこら》がいくつも並んでいる。管理人がいないのか、祠の屋根はボロボロで扉も傾いていたりしている。

境内自体は広くて、真ん中に土俵がある。奉納相撲でも行われているのだろうか。

この神社を取り囲んでいる森の木は、大人三人が手をつないで囲んでも、少し足りないかといった大木で、空気も澄んでいる。なんだか神秘的な空間だ。

「うん、ここ、ええな」

三人は納得してバイクに戻ると、めいめいがキャンプ用具を肩から提げて、再び石段を上った。とはいえ、境内は神様の領域である。だが、周りの森には落ち葉も重なっていてクッションになる。そこにテントをひと張り建てた。

テントを建てるとまたバイクへと戻り、近くの町へ買い出しに行った。そしてHさんは、お供え用にとみんなでお金を出し合って買ってきた缶ビールや缶チューハイ、お弁当、お菓子などを、各々の祠の前にお供えした。

「すみません、神様。今晩一晩だけここに泊まらせていただきます。その代わりと言ってはなんですが、安い缶ビールや缶チューハイですけど、お供えします。どうかよしなにお願いいたします」

そう言って、手を合わせて柏手《かしわで》を打った。

「さっ、俺らも食べようぜ」

神社での三人の宴会が始まった。

気づけばあたりは真っ暗になっていた。唯一の照明はMさんが持ってきた手回しの防災用ラジオライトのみ。境内には霧が立ち込めていて、空を見ても星も見えない。

鳥か獣か分からないが何かの鳴き声が闇の中から聞こえてくる。

「鵺《ぬえ》って、こんな感じなんかな」

「もう、寝るか？」

「そやな」

三人はテントの中へ入った。時間はまだ夜の九時前だった。

昼間の疲れからか、三人はすぐに眠りについた。

真夜中。

Hさん一人、目が覚めた。

体の下にある落ち葉や土がクッションの役目になっているとはいえ、凸凹《でこぼこ》とした感触はあまりいいものでもない。寝返りをしようとしたとき、体が動かないことに気がついた。

（えっ、金縛り？）

そう思った途端、テントの外に強烈な明かりがやってきた。誰かがこのテントを照らしている。

（やばい）と思った。

この神社を管理している人に見つかった。叱られて、ここを放り出される。でも、おかしいぞ。あの明かりは車のヘッドライトより大きくて明るいように思う。こんなところに車なんて入ってこられるのか？

するとその明かりがもっと明るくなり、外の様子がそこに浮かび上がったのだ。土俵の上に、誰かがいる。何人もいる。なんだ？

よく見るとそれは絵で見たことのある、三頭身くらいの神様だったのだ。大黒様《だいこく》、福禄寿様《ふくろくじゅ》、恵比寿様《えびす》、弁天様《べんてん》もいる。それら神様が土俵の上に座っていて、宴会をしている。手に持っているのは、祠の前にお供えした缶ビールや缶チューハイ。その前にはお弁当やお菓子もある。それらをつまみ、飲んでいる。踊りだす神様も出てきた。みんな楽しそうだ。音も声もない。けれども神様たちの笑い声やお囃子《はやし》が聞こえてきそうな風景だ。

実はそれを見たとき、Hさんの頭の中はしばらくフリーズしていたらしい。しかし（まあ、めでたいことなんやな）と思うとなんとなく納得できて、そのまま寝てしまったのだ。

朝起きると、体のあちこちが痛い。と、ふっと思い出した。

（昨夜、神様が土俵で宴会してたな。けど、テントの中からそんなもん見えるはずな

いもんな。あれは夢やったんかな)

するど外から「おい、缶ビール、空っぽになってる！」という声がした。

Zさんの声だ。

外に出てみた。

祠の前にはお供えしていた缶ビールや缶チューハイがそのままあったが、Zさんが回収しようと手に持つと、プルトップは開いていないのに中のお酒がなくなっているという。

「ほんまや。お弁当やお菓子も食べたあとあるし」

Mさんも言う。

「なら、神様が宴会してはったんは、ほんまのことやってんな」とHさんがぽつりと言うと「なんのことや」と、あとの二人がくいついた。

夜中に見たことを二人に話すと、「それ、あるかもしれんな」と納得してくれて、皆で神社をきれいに掃除して、ごみは持ち帰った。

その日一日は、実に楽しい白川郷散策であったという。

仏壇

A子さんは学生の頃、ある花屋さんでアルバイトをしていた。

老夫婦が営む小さなお店だったという。

ところがそのご主人が亡くなって、奥さんはそのご主人のための立派な仏壇を買い求めて、居間に置いた。それからは毎朝、お経を唱える生活となった。

住宅街にあるお店だったので、ご近所の人がやってきては「お線香をあげさせてください」と言って仏壇の前で手を合わせるということも多々あったという。


ある日も、顔見知りの中年の女性がやってきて「ご仏壇に手を合わせたいんだけど」と言う。この時、奥さんは出かけていて、A子さんひとりで店番をしていた。それでA子さんが居間に案内した。

「じゃあ、どうぞ」と二人が居間に入った途端、仏壇の厨子《ずし》扉が自動的にパタンと閉まった。

この仏壇の扉の開閉は電動式で、リモコンを使わないと開閉はしない。

しかしA子さんは今、部屋に入ったところでリモコンなど触っていない。

さっそくリモコンを手にして、「開」のボタンを押すが扉は開かない。

仕方なく、この女性は閉じた扉の前で手を合わせると、そそくさと部屋を出て行ったのである。A子さんもその後ろ姿を追おうと部屋を出ようとしたら、また、自動的に仏壇の扉が開いた。

帰ってきた奥さんにそのことを言った。

すると奥さんは「ああ、うちのお父さんな、あの人のことすごく嫌ってたんや」

そう言って笑った。

付き添い

Yさんという女性がいる。母親と二人暮らしである。

ある日、その母が内臓を悪くして入院することとなった。

Yさんは、仕事を終えると一旦《いったん》家に帰って、母の着替えをもって、夜遅くに病院へ行くのが日課となった。次の日が休みの時などは、たいてい病室に泊まり込んでの看病となる。

ある夜も、夜の十時を過ぎたころに病院へ行った。

「お母さん、どお？　だいぶ顔色もよくなったじゃない」とか言っていると、担当の看護師さんが入ってきた。

「今夜はお泊まりですか」

「ええ、明日《あした》は祝日なのでそのつもりで来ました」

「じゃあ、簡易ベッド、用意しますね」というと、看護師は病室を出て行った。

しばらくして、キャスター付きの折り畳み用ストレッチャーが運ばれてきた。

簡易ベッドには違いないが、これで寝るのはちょっと……。

すると看護師は「今日はちょっと、これでお願いしますね」と高さを調節すると、出て行ってしまった。

（まあ、仕方ないか）

そのうち、母はうつらうつらとしだした。

Yさんもストレッチャーに横になることにした。

（その前に、喉《のど》渇いたな）

一階に、飲料水の自動販売機がある。

Yさんは病室を出ると、エレベーターに乗って一階へと降りた。

人気《ひとけ》のない一階。物音ひとつしない。

ペットボトルのお茶を買い求めると、エレベーターに戻ろうと廊下を見た。

すると、その奥の方から、ズルズルッ、ズルズルッと何かが擦《こす》れる音が聞こえてきた。

このあたりは非常灯しか灯《とも》っていない。だからそれが何の音なのかわからない。

ズルズルッ、ズルズルッ、とその音はこちらに近づいてくるのがわかる。

目を凝らして、音のする方を見る。

廊下の奥の壁に、モコッとした何かがあって、それがこっちへ移動している。だが、暗くてよくわからない。近づくにつれ、その正体がわかってきた。

パジャマ姿の男だった。

男は、壁に肩をもたせかけるようにして、そのままこっちへ歩いてくる。音は肩と壁がすれる音だった。

（なあんだ。患者さんかあ）

たまに外に出て、煙草を吸う患者がいる。それだと思った。

Yさんはエレベーターに乗ると、母が眠っている病室へと戻った。

母の寝顔を見ながらお茶を飲んで、ストレッチャーに横になった。

（どうも、ストレッチャーで寝るのは落ち着かないなあ）

バッグから読みかけの文庫本を取り出すと、横になったまま読みはじめた。読んでいるうちに眠くなるだろうと思ったのだ。

しばらく読みつづけていると、トイレに行きたくなった。

起き上がると病室の扉を開けて、廊下に出た。

この病室は、廊下の真ん中にあり、左を見ると廊下の突き当りに窓があり、右を見るとナースステーションがあり、トイレはその手前にある。当然、Yさんは右へ行くつもりが、なぜか左手が気になって、その廊下の先に目が行った。

窓際に、人が立っていた。男の人だ。こちらに背を向けて窓の外を見ている。

(あれ？ あのパジャマ、さっきの人じゃない？ 同じ階の人だったのかな)

そう思いながらトイレに行った。

用をたして、トイレから出るとまだ窓際に男が立っているのが見える。

(ああよかった。幽霊じゃなかったんだ)

実はYさん、窓際に立つ男を見て、なんとはなく、あれは幽霊じゃないかしら、と思っていたのだ。なんだかホッとして、病室に戻った。そしてまたストレッチャーに横たわると、そのまま眠りに落ちた。

真夜中、ふっと目が覚めた。

なんだか廊下が騒がしい。廊下をバタバタ走る音や、人の話し声がする。

(あっ、誰か亡くなったな)

夜中に患者が亡くなると、看護師さんたちがバタバタと廊下を走る音が響くのだ。

病室の扉を少し開けて廊下を見ると、やはり何人かの看護師さんがある病室の前にいて何やら話している。そこに出たり入ったりしている看護師もいる。

(やっぱり亡くなったんだ)

そこに、ちょうど母の担当係の看護師さんが、目の前を走ってきた。

「ねえ、どうしたん？ どうしたん？」

その看護師に声をかけた。

「それがね、患者さんが一人、いなくなったのよ」

「いなくなった？」

「そう、それで捜しているのよ。あっ、心配なさることはないですから。問題はないので、ご心配なさらずに」

そう言って、ナースステーションへと消えた。

問題はない、という言葉を聞いてまたストレッチャーの上に横たわった。そして、うとうととしかけると、今度は病室の窓の外が明るくなった。外が騒がしい。

時計を見た。

夜中の二時半になろうかとしている。しかし、病院の外に明かりがいくつもあって、交差している。なんだろ、とYさんは窓を開けた。

そのあたりは病院の駐車場になっていて、そこに黒と白のツートンの車と赤色灯が回っている。パトカーだ。すると、病院の横の暗闇から、担架に乗せられた人が運ばれてきた。

（急患だ）

するとそこに風が吹いてきた。同時に担架に乗せられていた人に被《かぶ》せてあった布がバサッと地面に落ちた。

（あっ!!）

一瞬、そのご遺体と目が合った。

あの男だ。一階で肩を壁につけてズルズルッと音をさせて歩いていた男。四階の廊下の窓際に佇《たたず》んでいた、あの男だ。担架の男も見覚えのあるパジャマを着ている。

（えっ、なにがあったん？）

病院の患者が外から運び込まれるのはおかしい。それに、担架に乗せられている男はまったく動かない。なにがあったのだ！

翌朝になって、見回りに来た看護師さんを呼び止めた。

「昨夜《ゆうべ》、私窓から見ちゃったんだけど、何があったの？」

すると「それがわからないんです」と言う。

「わからないって、なにが？」

「でも、気にすることないですから」

「いや、教えて」

この看護師さんとも随分親しくしていたので「じゃ、言いますね」と、こんなことを話してくれた。

昨夜、癌患者が反対側の窓から飛び降り自殺をしたという。

実は、いなくなったので捜していると、病院と塀の間で遺体として見つかったらしい。

「けれどもねえ」と看護師さんは言う。

「その患者さん、末期癌で、とても立てるような状態じゃなかったんですよ。そんな患者さんがベッドから出て、廊下を歩いたということ自体、私たちには信じられないんです」

「実はね、私も見たよ。その人、こういう人でしょ」とYさんも看護師さんに話してみた。

「その人です。でも、その人、末期癌で体はボロボロで、そんなことありえません」

そう言われてYさんも分からなくなったという。

Yさんは私に言った。

「結局、私が見たのは、一階ですれ違ったときには生きていて、四階で見たときは亡くなっていたのか、それともどちらも生きていたのか、どちらも亡くなっていたのか。私は幽霊を見たのか見なかったのか……どっちなんでしょう？」

呼ぶ声

K子さんが、会社の同僚であるA子さんからこんな話を聞かされたという。

A子さんは、夫の母と同居している。A子さんからは義母にあたる。

ここのところ、義母は体調を崩して物忘れも激しくなって、介護が必要となったという。そして、何かあると「A子、A子」と名前を呼ぶ。

A子さんも会社勤めをしているので、いつもいるわけではない。こんなときは、隣に住んでいる義姉がその声を聞いて義母の元へと走り、世話をしてくれる。

しかし、症状が日に日に悪化して、ちょっと手がつけられない状態となった。それで、施設に預けようということにしていたが、施設側にもなかなか空きがないと言われていた。

ところが先日、A子さんの携帯電話に施設から電話があって「一部屋空いたので、来てください」と言ってきた。

さっそく手続きをして、義母を施設に入居させたのだという。

義姉には事後承諾ということになってしまったが、翌日その報告に行った。

「ああ、よかった。じゃあ今朝もA子、A子って叫んでたけど、もうそれもなくなるんだね」

そう義姉に言われた。

「ちょっと待って。今朝って言った？」

義母を施設に入れたのは昨日の夜。今朝はもう施設に入居している。

「でも、いつものように聞こえてたよ。A子、A子って」

「何時ごろ？」

聞くと、その時間はA子さんが娘さんを車で駅まで送って行って、二時間ほど家を空けていたときだった。

しかしその間「A子、A子」と呼ぶ声は聞こえていたという。

杣《そま》の山

三柱鳥居《みはしらとりい》という不思議な鳥居が存在していることはご存じだろうか？

神社や磐座《いわくら》の前に立つ鳥居は、たいてい柱が左右に二本あって、笠木《かさぎ》と貫《ぬき》という二本の横木で構成される、いわば門であり結界の出入口である。たいていは神社の参道に建ち、参拝人はこの鳥居をくぐって境内に入るわけだが、海や池の中、山の頂上に建つ鳥居もある。これらを人がくぐることはできない。つまり本来の鳥居は、神が通る道を意味するのである。

ただし、日本全国各地で見られるこれらの鳥居も、実はその発祥も意味もなぜあのような形になったのか、どうして神社の前に建てられているのか、そもそもなぜトリイというのかも、何もかもがわからないのである。

ところが、三柱鳥居というものが京都の太秦《うずまさ》に存在している。正しくは、蚕の社と呼ばれる木島坐天照御魂《このしまにますあまてるみたま》神社の境内にある元糺《もとただす》の池《いけ》という神池の中にあって、これが鳥居の形はしているが、従来二本ある柱の向こうにもう一本柱があり、三本の柱を笠木と貫が結んでいて、真上から見ると、正三角形を形成しているというものである。

これを三柱鳥居と呼ぶわけだが、これもなぜ三本の柱で形成されるのか、なぜ木島神社の池の中に建っているのかも、いつからあるのかも不明である。

一説によると、太秦という名前はローマを指し、三柱鳥居は、原始キリスト教における主と子と精霊の三位一体を顕《あらわ》すものだともされ、木島神社の由緒書きにもそのことが示唆されているだけに、歴史好事家やオカルト・マニアの中で、注目される鳥居なのである。筆者もまた、オカルト研究家として調査していて、また別の説を雑誌やコラムに書かせてもらっている。

今、同じ形を持つ三柱鳥居は全国に九ヵ所あるとされているが、いずれも太秦のものを模写したものであって、最古の三柱鳥居はこの太秦にあるものだと考えられている。

十二、三年前のことである。

知人がネットの動画配信で怪談番組を収録していた。私はその番組にゲスト出演することとなったのであるが、その時、番組のもう一人のゲストであったIさんという人からとんでもない怪談を聞かされたのである。

それは、Iさんからは口外しないようにと言われているので詳しくは書けないが、要はバブル時代にIさんは土木建築関係の仕事に就いていて、岐阜県のある山の開発の依頼を受けたというのだ。

ところがその山には山神様がいて、神様の許しがないと山を触ることはできないという地元の信仰があり、山神様に嘆願するために、役場の人の案内でその山に登った。すると、山頂に三本の柱による鳥居だけが立っていた。

Iさんはそれを見たと言い、その鳥居が山神様であると聞かされた。話としては、この後、山神様の禁忌を犯して開発をしてしまって、呪われてしまうというものであった。

Iさんに確認すると、地元の人が言うにはこの鳥居がいつからあるものなのか、誰によって建てられたものか、誰一人知らないと言い、ただただ昔より山神様として伝えられたものだという。

私はもしかすると、これは太秦の三柱鳥居より古い可能性を疑い、もしそうであるなら鳥居そのものの謎の解明にもつながるかもしれないと思った。そしていろいろ文献を調べてみたが、詳細は出てこない。ネットには三柱鳥居まで行った人の手記や写真は上がっていたが、やはりその由緒などの詳細はわからないようだった。

この三柱鳥居のことを某ミステリー雑誌のM編集長に言うと、Mさんもこの鳥居のことは初めて知ったようで、「一緒に現地取材して記事に書いてくれませんか」ということになったのである。

しかし、現地の案内人が必要なことや、スケジュールの関係もあってなかなか現地へ行くことが果たせずにいた。そして六年がたった昨年の初夏のことである。

M編集長から「岐阜の三柱鳥居に取材に行きませんか」というメールが入った。案内人については既に交渉済みであるようで、M編集長、案内人の一人Sさんとのメールのやり取りがはじまり、日程が決まった。

ただしここ十数年、私は山登りをしていない。ネットで検索すると、三柱鳥居へ行こうとしたが道に迷って断念したとか、行程は厳しいものがあるなどの書き込みが散見された。

（大丈夫やろか）

そう懸念していると、案内人の方からこんなメールが届いた。

〈登山口までは宿泊先から車でお迎えします。路駐して登山します。何の案内もないので、地元民がいないとまったく分からない場所です。

登山はだいたい九十分を予定。

ガンガンいけたら六十分くらい、たらたら行くと二時間弱。

下調べに行った際は、七十過ぎた婆さんで途中休憩して二時間。

（途中少し急勾配《きゅうこうばい》あり）ですが、婆さんでも行けたので大丈夫かと。

七月末がベター。八月末も可。九月からはクマがでるのでやめた方がよい〉とある。

私もこのメールを見て登山を決心し、日程も決めて準備に入った。

七月二十九日、郡上《ぐじょう》市八幡《はちまん》町の宿泊先に入って一泊。翌三十日に登頂。三十一日に帰路、という二泊三日に決定。

当日、私は秘書が運転する車で岐阜県郡上市八幡町のホテルに到着。M編集長と合流した。

そして翌日、炎天下の中、標高千メートル以上ある山へと挑んだのである。

行けるところまでは車で行き、路駐。車を降りていよいよ歩いて三柱鳥居を目指す。

ところがこの時、〈たらたら行くと二時間弱。下調べに行った際は、七十過ぎた婆さんで途中休憩して二時間。（途中少し急勾配あり）〉という言葉に騙《だま》されたことを知った。

案内人はSさん、Mさん、Wさんの三人。うちSさんは地元出身で今は茨城県の神社で神職をしているという。あとの二人も地元の人で山師だそうだ。三人は登山用の巻かれた太いロープを肩に下げている。

そしていきなり道もない急斜面にさしかかり、彼らは我々を待たせて登って行くと、ロープを張って、これを摑《つか》んで登ってくるようにと指示をしてくる。

実は私もM編集長もこんな本格的な登山だとは思っていなかったのだ。私はいつものように黒いシャツに黒いジャケット、黒いズボンにスニーカー。M編集長にいたっては半そでの軽装である。私の秘書だけは本格的な登山服に身を固め、リュックサックを背負っている。

私は急斜面をロープを伝って上がって行ったが、その後も延々と道なき道を歩く羽目になった。真夏の炎天下、体力をどんどん消費していく。とにかく食べることと飲むことが必要だということで、Sさん特性の栄養ドリンクを飲むようにしきりに勧めてくる。私は普段から栄養ドリンクとか滋養強壮剤などといったものは口にしない。だから合わないのだ。身体が拒否するのだ。しかし、山の専門家のいうことは聞いた方がいいと秘書に説得され、無理に飲んでいたが、のちにこれが祟《たた》ることになる。

最初の休憩。この時私は知らなかったが、M編集長とSさんとの間でこんなやり取りがあったという。Sさんが M編集長の耳元で、ぼそっとこんなことを言った。

「実は、気になることがありましてね。家を出る時、車のエンジンがかからなかったんですよ。これ、行くなという八卦《はっけ》かもしれないと思いましてね」

神職という仕事柄、そういうことが気になったのかもしれない。

「易をたててみます」ということになった。今はスマホのアプリで易をたてることができるらしい。すると〈水山蹇《すいざんけん》〉と出た。

水は、困難や難題を、山は停滞を意味し、蹇は、進めない、苦しみを意味する。アプリでは〈非常に困難な状態。無防備で山に入っていくようなものだ〉とある。

ここで二人は悪い予感がしたという。

しかし、空は快晴。山に詳しい案内人も三人。大きな不安要素も特にない。


だが行程は登ったり下ったりを繰り返す。はっきりとした道もない。

登山はだいたい九十分を予定、ガンガンいけたら六十分くらい、とあったのが三時間かけてようやく登頂。

そこには確かに不思議な三本の柱による鳥居が鎮座していた。

周りには社も祠《ほこら》も磐座《いわくら》もない。ただ、バブル時代に開発が行なわれた時、ここにヘリポートを造ったと聞いていたが、その跡であろう草の生えていない土むき出しの広場と、その横に檜《ひのき》造りのその鳥居だけがぽつねんと建っているのだ。

それが白昼の太陽を受けて、神々しい。

三時間かかった登山の疲れもたちまち吹っ飛び、スチール、動画を撮り、計測なども行なった。太秦にある三柱鳥居は神聖な神池の中に建っていて、その池に入ることはできなくなっているが、この鳥居は目の前にあり、触れることも、鳥居の中に入ることもできる。私も持ってきたデジタルカメラで数十枚の写真を撮り、気づいた案件、疑問点をICレコーダーに吹き込んだ。

そして、下山。頂上にいたのは一時間ほど。下山開始は午後三時頃のことであった。案内人は「登りで三時間かかったけれど、下山は二時間半ほどです」と言い、我々の先頭を歩きだした。この時私は、撮り終えたデジタルカメラをジャケットのポケットに入れようとしたが、それを見ていた秘書が「先生、そんなところに入れたら、落としますよ」と言って私からカメラを奪うと、自分のリュックサックの中へと入れた。

さて、ここから問題が起こったのだ。

登りとは違い、下りは選択肢が無限になるのだ。だから案内人たちは、前もって登頂し、帰り道が見つかるようにと約二十メートル間隔にマーキングとして、カラーテープを木の幹に巻きつけていて、その木のある方向へと進んでいく。なのに……。

我々は道に迷ったのである。

まず、三十分ほど進んだところで、明らかにおかしいと悟って再び頂上へと戻り、また下山を開始。だが、木の幹に巻きつけたはずのカラーテープが、木の幹からはがれて地面に落ち、それが風に飛ばされて別の方向を示していたようで、我々一行はどこを進んでいるのか分からなくなった。電波はあるのでスマホのGPS機能で確認するが、どうやらそれも正確ではないようだという。戻ったり、進んだり、別ルートを行ったり来たりを繰り返しているうちに、とうとう日も暮れだした。

ただ、このころにはGPSは、我々がいるところから約百メートル先に、道があることを示していた。そして登山口にはその道に沿って送電塔が並んでいたが、その送電塔が見下ろせている。ただし、どんどん暗くなっているし、目の前は急斜面と藪《やぶ》があるのみ。人が進める場所ではない。かといって、引き返すというわけにもいかない。引き返しても結局闇の中を彷徨《さまよ》うだけだ。下るしかない。

「沢がある。沢を下ろう」と、M編集長がそう叫んだ。

こういう時に、沢を下る。

登山の常識ではやってはいけないことだそうだ。沢は途中で流れも変わるし足場も悪い。急に滝や崖《がけ》が現われる危険性もある。しかし考えている暇はない。もう日も暮れて何も見えない状態となった。M編集長は学生時代、ワンダーフォーゲル部に所属していてそんなことは百も承知だったと言うが、今はそれしか選択の余地はない、という判断。

山の空はもう、闇になりかけている。

「やばいぞ。行くしかないぞ」

案内人の声がした。だが、ここで私は限界を迎えてしまったのだ。

体力の消耗に加えて飲みなれない栄養ドリンクを大量摂取したことで、身体が拒否反応を起こし、胃の中から何かが込み上げてきたのである。そして嘔吐《おうと》を繰り返しはじめた。

「先生、大丈夫ですか」と案内人二人が来てくれて、私の手を引き、脇を持ってくれた。

私はもう、自力で歩くことはできなくなっていた。

案内人たちも、こんな遅い時間の行程を予想していなかったらしく、懐中電灯はない。

それぞれがスマホや携帯電話の明かりを頼りに、一歩、一歩、草や枝が覆いかぶさる沢の水の中を進む。

こういう明かりは、前を照らすと足元が見えないし、足元を照らすと前が見えない。沢は細く曲がりくねっていて、水量も少ない。ただ、足元が悪く、ずるっと滑るとバランスを取ろうと、自然と覆いかぶさっている草や枝を手でつかむことになるが、これが茨《いばら》なのである。鋭い棘《とげ》が手に刺さる。それでも進むしかない。水に浸《つ》かり、崖のような急斜面をずり落ち、泥をかぶりながら、それでも足を一歩一歩、前に出すしかない。

ＧＰＳは、近くに道があることを示してはいるが、もう漆黒の闇の中。前を歩く人を見失えば、孤立する。

そんな時に声がした。

「おーい、鉄塔があったぞー」

M編集長の声だ。

「先生、鉄塔があったそうです。もうすぐですよ」

私をささえてくれている案内人はそう励ましてくれて、少しは希望をもったが、この鉄塔が幻覚であったとすぐに分かった。鉄塔だと思って近づいていくと、枝葉を切り取られた木だったのだ。

人間、極限状態になると幻覚を見る、というのは本当だ。ここから案内人たちもいろいろな幻覚を見て、そちらに進む。だがそんなものはない、とわかる。

ある、と信じてそこまで行くと、実はなかった、とわかった時の失望感、脱力感は半端ではない。八甲田山《はっこうださん》で神成《かんなり》大尉が思わず「天はわれわれを見放したらしい」と漏らした言葉で、一気に兵隊たちの意気が消沈したのが分かる。というか、もう我々は完全に遭難している状態にあると、このあたりで全員が悟ったのである。

ここで私はあることをしてみた。

私は一人沢に立って、沢から藪に向かって小便をしたのだ。山の神は女神であることが多く、男が山でイチモツを出すと機嫌が直るという言い伝えが全国にあるのだ。

そもそもあの三柱鳥居は、山神様であるという地元の言い伝えがあった、というところからこの取材がはじまっている。

ということは、今の状況はその山神様の機嫌を損ねたところから出たものかもしれない。

そう思っての行為だった。

小便を済ませてしばらくすると「おーい、道が見つかったぞー」という声がした。

小便をした場所から一、二分のところに道があった。沢からよじ登りアスファルトの上に大の字になった。

「車が見えます」

案内人の一人が言った。見ると我々が分乗した車がすぐそこに停めてあったのだ。

その時の時刻は、夜の八時半。三時に頂上を出発したので帰りは五時間半の時間を費やしたということになる。

ずぶ濡《ぬ》れ、泥だらけとなった六人は車に乗り込むと、山を下った。一時間半ほどかけて郡上市八幡町のホテルに戻った。車中で神職をしている案内人のSさんが、Mさんにこんなことを言っていた。

「テープが外れたり取れたりすることはまあ、あるにしても、ちょっとあれは考えられないよな。まるであれは、僕たちの山からの帰還を阻んでる何かの働きを感じざるを得ないよ」

部屋に戻ると、さっそく風呂《ふろ》の湯を出して入浴の準備にとりかかった。靴も服も泥だらけ。はっとしてズボンのポケットの中に入れていたICレコーダーを取り出した。当然、水に浸かっている。データを取り出そうと持ってきていたパソコンにつないだが、データは読み取れなかった。

部屋の電話が鳴った。秘書からだった。

「先生、お疲れさまでした。大丈夫でしたか？」と訊《き》いてくる。

「体はもう大丈夫やけど、ICレコーダー、ポケットに入れてたんやけど、データが水を吸ってて、読み取れんわ」

「ほらあ。だから言ったでしょ。ポケットになんて入れちゃあダメなんですよ。カメラは預かっていて大丈夫ですから、あとで持っていきますね。配信はどうします？予定通り十一時にします？　じゃあ、十分前に先生の部屋に行きます」

電話が終わると、バスルームへ直行。湯船に浸かって頭から湯を被《かぶ》ると、湯船の湯には泥や枝葉がいっぱい浮いた。

十一時十分前、秘書が私の部屋にやってきた。そしていきなり、「ごめんなさい」と謝ってきた。

「なに？」

「リュックの中に入れていた先生のカメラ、ないんです」という。

「えっ、ない？」

「リュックの中見たら、先生のカメラ、ないんです。あとタオルとかいろいろなくなったものがあるんで、沢を行ったとき、私も尻《しり》もちをついたり無理な体勢で崖を下りたりしたので、リュックサックから零《こぼ》れ落ちたのかもしれません。ほんとにごめんなさい」

ええっ!!　いわば命がけで登頂し、原稿を書くことを想定して撮った貴重な写真があのカメラにはデータとして入っている。それが全部消失してしまったということになる。

おそらく、あの山の沢のどこかに落ちて、流されてしまったのだろう。

「でも、私もスマホで撮ってますから、それ、使ってください」

そう秘書には言われたのだが……。

しばらくしてM編集長もやってきた。

私の公式YouTubeチャンネルからの生配信は前々から決めていたことだが、話を聞いたM編集長が「僕も出ます」と言ってくれて、三人でのやりとりで、今回の取材の報告をするというもの。どこに座って、どこにカメラを置こうかと考える。

さっきICレコーダーのデータを取り出そうと、丸テーブルの上にノートパソコンを置いている。これをどけて始める。

私がそのノートパソコンを持ち上げた瞬間、信じられないことが起こったのだ。

ノートパソコンの下から、紛失したはずの私のカメラが出てきたのである。

一瞬、間があって、「ええーっ、なんでえ!!」という私と秘書の驚愕《きょうがく》の声が部屋に響いた。

M編集長は何が起こったのかわからず「どうしたんですか?」と言っている。

「いや、このカメラ。山の中で秘書が私から取り上げて、彼女のリュックの中に入れたんです」

「ああ、それ、僕、見てました」と編集長。

「それが山の中で紛失してしまったと、たった今、秘書から報告があったんですけど、今、出てきました。ほら……」

秘書が見たのは、私がパソコンをどけると同時に、ニュッとテーブルの下からまるで生えてきたようにカメラが現われたという。

「え、それはどういう意味? 超常現象? だとして、そのヌシは神様ということなのか? だとしたら、神様は一旦《いったん》はお怒りになって僕らの帰還を阻んだりしたんだけど、最終的にはお許しになって、あんだけ辛《つら》い思いしたんだから、まあカメラは返したろかとか。そういうことなのかも」とM編集長は言うが、「ちょっと先生、これ見てくださいよ」と同時に腕を見せてきた。

彼も山を甘く見ての半袖《はんそで》での登山。その腕には枝葉や棘《とげ》でできた傷跡がいっぱいあった。そしてその中にあきらかに、カタカナで〈シネ〉という文字が、ひときわ大きく描かれていた。

杣の山・後日談

山で紛失した物が、別の場所で見つかる。山の怪談でそういう話は多いという。そしてカメラで撮った三柱鳥居のデータも全部無事に戻ってきた。

そして、水に濡れて読み取れなくなっていたICレコーダーのデータも、家に戻って再度取り込むと、全部のデータが復活し、無事にパソコンに保存できることとなった。だがICレコーダー自体はその直後、作動しなくなって今に至っている。

原稿に書くにあたって必要なものは、全部私の手に戻ったということである。

もし、これが山の神様が原因だとしたら、ちゃんと真実を見つめた原稿を書けよ、という意志の働きかもしれない、とも思う。三柱鳥居の解明は、私がオカルト研究家と名乗ったときからの命題でもあったのだ。

もう一つ、不思議なことがあった。

私は沢の両側には茨《いばら》があり、体のバランスを取ろうとするとその茨の棘《とげ》を摑《つか》んでしまうと書いた。三人の案内人は元より、M編集長の体も傷だらけ、私の秘書も登山服で挑んだが、手の甲、手の平にたくさんの茨が刺さり、のちに病院に行って取ってもらったという。それでも完全には取りきれないという状態が続いたらしい。しかし、実のところ、私には棘の一本も刺さらなかったのだ。

いったいなぜなのかはわからない。

また、全員数日後には筋肉痛に襲われたが、私には筋肉痛がまったくなかったのだ。そんなはずはないのだが。


のちにいろいろわかったことがあった。

案内人のSさんによると、地元消防団の人から聞いた話だそうだが、あの山は遭難者が非常に多く、その人も遭難者の遺体を何度か運んだことがあるという。また、山神信仰は確かに存在し、あの三柱鳥居はその信仰と関係あるということだった。

ただし、今建っている三柱鳥居は三十数年前に建てられたもので、それが再建したものなのか、いきなり建てられたものなのかは全然わからないという。言えることはこの三柱鳥居について知っていた人はほとんど亡くなってしまっているということだった。そしてその遺族の人たちは、いずれも詳しいことは聞いていないと、首を横に振る。

鳥居の近くにあった、ヘリポート跡であろう草の生えていない土むき出しの広場も、確かに町の要請で造ったものらしいが、その後誰も管理していないのに、不思議なことに、草の一本も生えないのだという。

私は、ここが三柱鳥居があった真の聖域だと思っている。ヘリポートを造る時に鳥居を壊し、その後建設現場で怪奇現象が起こり、犠牲者が出たので撤退。ヘリポートの横に現在の三柱鳥居が再建された、というのがもともと私が入手した情報だったからだ。

これは偶然かとは思うが、一週間ほどして三人の案内人のうち、先導役であったMさんの様子がおかしいというメールがSさんより寄せられた。彼の家にある電化製品がことごとく故障。水場やトイレも故障。そして一家全員が一気に新型コロナ感染症にかかったという。また、Mさん自身の行動自体もおかしくなったという。

実は今回の三柱鳥居を目指しての登山は、漫画家で超常現象の研究をしている飛鳥《あすか》昭雄《あきお》さんも同行することになっていたのだが、直前にキャンセルとなった。

理由は「調べてみたら、あそこは行っちゃあいけない場所だと知ったんだよ」ということだ。

あの山は杣《そま》といって、全国でも二十数カ所しかない、絶対に入ってはいけない聖域で、そこで間違ったこと、神様の意に沿わない行動をとると、恐ろしいことが起きる禁断の場所だったというのである。

お骨仏

大阪市内にあるI寺。

このお寺に納骨すると、一時境内の納骨堂に納められ、一定量の遺骨が集まると骨仏師といわれる専門家が遺骨を砕いて粉末状態にして、コンクリートを混ぜて一体の仏様を作るという風習がある。この仏様をお骨仏という。

お骨仏を見ている参拝者からは「ほら、あの仏様の中におじいちゃん、入ってはるんやで」というような声が聞こえたりする。


あるお盆の日のこと。

Hさんの母とその友達二人で大阪の四天王寺《してんのうじ》詣《もう》でをした。

すると友人の一人が「うちな、数年前に姑《しゅうとめ》さん、亡くしてるねん」と言ってきた。

なんでもその遺骨がI寺に納骨してあるらしい。

I寺は、四天王寺の西側にあって徒歩で行ける。

行ってみることにした。

境内は大勢の人で賑《にぎ》わい、納骨堂の前にも行列ができていた。

ようやく中へ入ると年代順にたくさんの納骨が並べられている。

「ええっと、お義母《かあ》さん亡くなったん、三年前やったなあ」

そう言って友人は、三年前に納骨された骨壺《こつつぼ》のところを探している。

するとHさんは「ちょっと」とその友人を呼び止めた。

「あんたの姑さん、しわがれ声やった？」

「えっ、そうやけど」

「姑さん、亡くなったの四年前や。こっちや」

するとそこにあった。

「なんでわかったん？」

実はHさんの右肩あたりから「そこと違う。こっちや。わし死んだん四年前や」と
いうしわがれ声がした。はっと見るが近くに人はいなかったらしい。

百年目の八甲田山

以前、海上自衛隊に勤務していたことがあるというKさんという方から、メールで送られてきた話である。

陸上自衛隊の第5普通科連隊では、今も一月下旬になると、「雪中行軍犠牲者を慰霊するための八甲田演習」が行なわれているという。また、あまり知られていないが、他の連隊も各基地ごとに「雪中救難訓練」あるいは「雪中演習」なるものが行なわれる。

これはKさん自身の話ではなく、この八甲田山での「雪中救難訓練」に参加したという知り合いのS士長から聞いたものだそうだ。

S士長が在隊していた当時の雪中遭難訓練は六十人ほどの隊員が参加し、三泊四日の行程で行なわれたという。

編制は、十名が指揮所担当、残りの五十人を二班に分けて、雪中においての遭難者捜索および人命救助訓練を行なうのである。

初日は、八甲田山への移動。訓練装備準備を行なって、訓練指揮所となる宿泊施設に泊まる。

二日目。第一班、第二班ともに、A訓練所へ移動。現地で訓練。訓練終了とともに第一班は雪上にテントを張り、酷寒の中で一泊。第二班は、指揮所へ帰還し待機をする。

三日目。第二班は、A訓練所に向かって移動し、第一班と合流。そのままB訓練場へ移動して、訓練。訓練終了後は第二班が雪上にテントを張って一泊。第一班は指揮所へ帰還して待機。

四日目。第一班はB訓練場に向かって移動し、第二班と合流。B訓練場で訓練の後、第一班、第二班ともに指揮所へ移動して帰隊。そして訓練終了。

こういった日程だったそうだ。

S士長は第二班に属していた。

三日目のことである。

B訓練所での訓練は、雪中での長く辛《つら》い行軍の後、捜索訓練、救難訓練と続く。当然疲労困憊《こんぱい》し、気がつけばもう日も暮れかかっていた。

訓練が終わると第一班は、指揮所へ帰営。S士長が所属する第二班は、野営の準備にとりかかる。

作業は、三、四人用の野営テントの設営と宿泊準備。夕飯は缶詰。飲料水は、雪をコッフェルに入れて溶かしたもので確保。あわただしい夕食が終わるころにはもう、あたりは真っ暗である。

ランタンと懐中電灯で就寝時間まで過ごす。

そしてようやく就寝となった。

厚手の服を何枚も着こみ、寝袋に入って目を閉じる。しかし、寒すぎて眠れない。まだ時間は早いとはいえ、日中、さんざん雪の積もる山中を歩いている。体は相当に疲れているはずだ。だが眠れない。なんせ寒すぎるのだ。隣では、I一曹も眠れないような様子だ。

「なんか寒いっすねえ」

I一曹に向かって声をかけてみた。

「うん、寒いなあ」と、返ってきた。

「こう寒いと、眠れないっすね」

「うん、眠れねえよな」

そんな会話をする。しかしさすがに疲れていたのか、いつの間にかまどろんでいた。

と、外に人が歩く音がした。

はっ、と目覚めた。やはり、足音がする。

すぐに、トイレだろう、と思った。いや、そうでもないか。喉《のど》でも渇いて水でも作っているんだろう。いや、班長が見回っているのかな？　いや、違う。

そう思うには理由があった。

聞こえてくる足音には違和感があるのだ。

まず、足音は隊員のものではない。

訓練で履いて来たのは、スキー板。つまり、裏にうろこがついているので、隊員ならば、しっかりと雪を踏みしめる音がするはずだ。それに、テントを設営するために、周りの雪は踏み固めてある。

なのに、外から聞こえる音は……。

雪をかき分けているというか、積もった雪の中を無理やり前進しているというか。

しかも、一人、二人の足音ではない。何人かいる。

ズズズズッグッ、ゾゾゾゾッギュッ、聞こえてくるのはそんな音。その歩みも非常にゆっくりとしたものだ。

歩幅もかなり狭い。

すると外から「来るなあ！　部隊がちがぁう。無理だって」という隊員の叫び声が聞こえた。

別のテントからも叫ぶ声がしだした。

「見るなあ」

「入ってくるな」

「青森へ行けえ！」

まさに、パニックになっている。

一方、「おい、落ち着け、落ち着け」と、パニックになった隊員たちをなだめる声もする。

真っ暗な雪の八甲田山に、わけの分からない怒号が飛び交っているという異常事態だ。

S士長はなにがあったのか見ようと、懐中電灯を点《つ》けてテントを出ようとした。するとと「出るな！」とI一曹に止められた。

はっと、I一曹を見た。

「ここ、八甲田だぞ。わかるだろ」

そう言われて、あ、なるほど、とS士長は納得したのだ。同時にこんな思いが湧き上がった。

（あの英霊たちは、こんな過酷な場所で限界の状態で遭難して、今も成仏しないで彷徨《さまよ》っているんだ）

そう思うと、自然と涙が出た。

その後、知らないうちに眠りにつき、朝を迎えた。

昨夜と違って、静かな朝。誰もあのことについては話そうともしない。

そして指揮所へ向かう途中、B訓練所が鳴沢《なるさわ》の近くだったことに気がついたのだという。

Kさんが S士長からこの話を聞かされたのは、帰隊してすぐだったという。

S士長は「いやぁ、ほんと俺、泣いちゃってさあ。朝起きたら涙が凍って目が開かねえんだよ」と笑っていたらしいが、酷寒の中で過ごしたのはたった一泊だけだったのに、S士長は異様なほどに窶《やつ》れて、疲労困憊していた様子だったという。

そして、今思えばその話を聞かされたのは、西暦二〇〇二年のことではなかったか。

そうだとしたら、それは八甲田山雪中行軍遭難事件からちょうど百年目の冬となる。

八甲田山怪談の背景

『新耳袋《しんみみぶくろ》 第四夜』に、「八甲田山」という短い怪談を発表した。

〝大学生四人が、男ばかりで夜の八甲田山をドライブした。季節は初夏だった。二台の車に分乗していたが、その二台ともが八甲田山のある場所でエンストを起こし、同時に闇から雪を踏みしめる足音がして、黒い防寒着に黒い防寒帽姿の男たちに車の周りを取り囲まれた。

慌ててエンジンをなんとか掛けて、弘前《ひろさき》市にあるY君の友人のアパートへ戻ると、二階の部屋で男二人、「怖かったあ、怖かったあ」と震えた。しばらくするともう一台の車も戻ってきて、友人二人が部屋に駆け込んでくると、やっぱりガタガタと震えている。

だが、しばらくすると外から数名の足音が聞こえてきて、やがてそれはアパートに入り、階段を上がり、部屋の壁をぬっと抜けて六人の男が入ってきた。やはり全身黒ずくめ。防寒着のそれは軍服だと思った。そして男たちは、四人の大学生を取り囲んで「わしはこの男の右腕がほしい」「俺は足がほしい」「わしは左手がほしい」

気絶した。そして気がつけば朝で、泥靴の跡が残っていた。〟

ざっと要約するとそういう話である。

そして、話の最後にこう書き綴《つづ》った。

〝それから一週間、四人は熱にうなされ寝込んだという。四十度近い熱はなかなか引かなかった。〟と。


この怪談には、予想以上の反響が寄せられた。また八甲田山でそんなことがあったとは知らなかったという意見もあった。あるいは映画『八甲田山』は観ていたが、そんな裏エピソードが今になって出てくるのかといった反応もあった。そしてこの「八甲田山」の怪談は、その後も数々の後日譚《たん》をまき散らしていった。

実は昨年二〇二二年は、世界史上最悪の遭難事件とされる『八甲田山雪中行軍遭難事件』からちょうど百二十年目となる年であった。

私も『オカルトエンタメ大学』というオカルトや怪談の専門家がテーマを設けてYouTube上で講座を開くというチャンネルで、百二十年目の八甲田山に赴くことができた。

元自衛隊の方や専門家の人たちの話を聞いたり、八甲田山雪中行軍遭難資料館の方々にも協力いただき、八甲田山の怪談が生まれた背景や歴史を考察したりする機会にも恵まれた。また、英霊たちの眠る共同墓地でも黙禱《もくとう》を捧《ささ》げることができた。

きっと私には、八甲田山で亡くなった百九十九柱の英霊とどこかで縁があり、この話は何かの折に繰り返し語り継がねばならない役目が期されている。そう勝手に思っている。

八甲田山雪中行軍遭難百二十一年目となるこの年。これを機に、八甲田山の怪異の後日譚とその背景について、ここで話してみようと思う。

八甲田山雪中行軍遭難事件。

まずはこの事件について知っていただきたいと思う。

日本は長い鎖国から開国して、明治《めいじ》となった。アジアのほとんどの国が欧米列強の植民地化されていることを危惧《きぐ》した政府や軍人、文人、学者たちは急速な近代化を目指し、そのための富国強兵を強く押し出し、アジアで唯一近代化した軍隊を持つに至った。この時、帝国陸軍は仮想敵国を帝政ロシアと定めたのである。

冬のロシアは全土が凍る。これは港も凍ることを意味する。当時世界最強とされたロシアのバルチック艦隊も、これでは動けない。

となると、朝鮮半島か遼東《りょうとう》半島に不凍港を欲しがって南下し、それが手に入れば、そこを拠点として日本に攻めてくるだろう。そのことを明治政府や軍は恐れたのである。

そしてそれは、奇《く》しくも明治三十七年（一九〇四）に勃発《ぼっぱつ》した日露《にちろ》戦争で、現実のものとなるのである。日本海海戦と旅順《りょじゅん》攻略は、遼東半島に侵入しようとするバルチック艦隊の行動を阻止した戦いであったのだ。

八甲田山の雪中行軍はその二年前の明治三十五年、西暦一九〇二年に行なわれた、対ロシアを想定した訓練だったのである。

ちなみに八甲田山は、青森県のほぼ中央部に位置する火山群の総称だ。八は、八百万《やおよろず》の神というように「多くの」、甲は「高い」、田は「田代」、つまり高原湿地帯を示す。多くの高い山と高原湿地帯、と示している通り、実際八甲田山は十八の火山で成り立っているのだ。

しかも地形的に世界有数の豪雪地帯であり、条件によれば極寒の地ともなるという。ただ、私も現地に行ってわかったのが、見た目は緩やかな斜面が続き、地形がそんなに変わらない。これで雪が積もれば、目印となるものが消失する。そこが油断を生んだのかもしれないということだ。

明治三十五年一月二十三日午前六時五十五分。青森歩兵第五連隊が青森連隊駐屯地から八甲田山に入り、二十キロ先の田代《たしろ》温泉を目指して訓練のための行軍を実施した。

これは、もしロシア軍が青森に上陸してきて鉄道など交通網を破壊された時、物資の移送を雪上において人力とソリでできるのかということを試すための訓練であったらしい。

午前中は快晴で順調に行軍は進んだが、午後になって天候が悪化。やがて、観測史上最低の寒波が押し寄せ、マイナス二十八度、体感温度マイナス四十度。しかも稀《まれ》にみる豪雪に見舞われ積雪九メートル。ここに吹雪となると第五連隊はたちまち道を失って、えんえんと同じところを回る、環状彷徨というのをやってしまった。

天候は回復せず、吹きさらしの中での野営が続き、酷寒と疲労、飢えの中で次々と将兵たちが凍死した。

先ほどの「百年目の八甲田山」の中で、〝指揮所へ向かう途中、B訓練所が鳴沢の近くだったことに気がついたのだという〟という箇所があったが、鳴沢は第五連隊が二日目の野営をした場所で、最も多くの犠牲者を出した場所だったのだ。

最終的には、参加将兵二百十人のうち、百九十九人が死亡。ほぼ全滅である。

わずかに生き残った十一人のうち、七人は重度の凍傷のため、手足を切断せざるを得なかったという。そして犠牲となった多くの兵は二十歳前後の若者だったのである。

八甲田山の怪談は、実は遭難事件が起こった時より語られていたことはご存じだろうか。

一月二十四日、夜。第五連隊第二大隊の宿舎の電灯が、点《つ》いたり消えたりしはじめた。すると続いて廊下に、大勢が廊下を踏み鳴らす音がしたかと思うと、「ああ、帰ってきた、帰ってきた」という声がした。

「あっ、第五連隊が帰ってきた」と廊下を見ると、しーんと静まり返った廊下があり、そこには人影もなかった。

一月二十五日、夕方。興津《おきつ》大尉の宿舎。玄関から外套《がいとう》の雪を手で払う音がして、大尉の奥さんが玄関に見に行った。そこに興津大尉がいて「今戻った」と言う。「あら、お帰りなさい」。そう言って下女に火を焚《た》くように言って振り向くと、もう誰もいなかった。

興津景敏《かげとし》大尉は、この日、凍傷で亡くなっている。

この二つの怪談は、当時の『萬朝報《よろずちょうほう》』という地元の新聞に掲載されたものだ。

また、当時の青森第五連隊の宿舎では、いろいろな怪異が起こり、営門の兵もたまに英霊たちが帰ってくることがあって戦慄《せんりつ》を覚えたという。

映画『八甲田山』の原作となったのは、新田次郎《にったじろう》の小説『八甲田山死の彷徨』だ。

その巻末に、取材をしていて、当時営門に向かってやってくる英霊たちに向かって、連隊長が号令をかけると二度とやってこなくなった、という話を聞いた、と新田自身も書いているのだ。

あるいは、弘前から出発した歩兵第三十一連隊は、第五連隊のことを知らずに、真夜中の八甲田山で第五連隊とすれ違っているが、この時も奇妙な現象があったことが、工藤隆雄《くどうたかお》の著書『マタギ奇談』に掲載されている。

これらの八甲田山の怪異を辿《たど》ってみると、大学生四人が八甲田山のドライブ中に遭遇したという怪異談は、よりリアルでより恐ろしくもあり、怪談と民俗学、さらには日本史の裏の部分と合わさっていくさまが、この話がただならぬものであることを思わせる。

そういうことを理解していただいたうえで、『新耳袋　第四夜』に掲載した「八甲田山」という怪談に積み重なる後日談を、これから読んでいただきたいと思う。

八甲田山怪談、取材のエピソード

八甲田山で怪異に遭ったという大学生に、最初のコンタクトを取ったのは、当時『新耳袋』編集担当のT君であった。

一九九八年のある日のこと。そのT君から一つの宅配便が届いた。開けてみると一本のカセットテープ。実はその前日、T君から電話があったのだ。

「中山《なかやま》さん、すごい話が取材できましたよ。その音源が入ったカセットテープ、今日送りましたから、明日《あした》にでも届くと思います。次の『新耳袋』に載せられると思います。ぜひ、聞いておいてください」

どんな話が録音されているのだろう？

さっそく、カセットデッキに入れると、再生ボタンを押した。

すると無音だったのだ。少し早送りでテープを回し、途中から聞いてみた。

やはり無音だ。ずっと無音。試しに他のテープを聞いてみた。ちゃんと聞こえる。

故障ではない。送られてきたテープをセットする。やっぱり無音。

「え、なにこれ。どこに取材の声、入ってんの？」

カセットテープはA面とB面がある。まさかと思って裏返して入れなおし、最初まで巻き戻しをして、再生した。

やはり無音。早送りをしたり巻き戻しをしたり、繰り返しながら再生するが、どこを聞いても音声は録音されていないのだ。

T君に電話をする。

「T君、テープ届いたんやけどな」

「あっ、聞きましたか。すごい話でしょ」

「いやいや、聞かれへんねん」

「は？　どういうことですか？」

「それがずっと無音やねん。裏返したり、早送りしたりいろいろしてるねんけど、どこにも音は入ってない」

「そんなはずはないです。僕、ちゃんと確認しましたし。無音なわけないですよ」

「いや、目の前でカセット回ってるけど何も聞こえてこんわ」

そういうやり取りをしていると、目の前のカセットデッキから嫌な音が聞こえてきた。

バリバリッ、メリメリッというテープが巻きこんでいる音。つまりテープがピンチローラーから外れて、どんどん絡まっていっているのだ。

「ああ、あかんあかんあかん」

私は思わず声を出し、カセットデッキのストップボタンを押した。しかし、止まらない。テープはバキバキという音をたてて、どんどん絡まって、折れ曲がりだした。今度はそのままテープを取り出そうと、イジェクトボタンを押すが、やはり反応はしない。コンセントを抜くと、ようやく止まった。

その瞬間、パチッという電気音がしたかと思うと、イジェクトボタンが働いたのか、勝手にトレイが開いた。

絡まり折れ曲がってグチャグチャとなったカセットテープの束が出てきた。もう聞ける状態ではない。受話器を取ってT君に今あったことを報告した。

「そうは考えたくないけど、この話、障りがあるのかな?」

私がそう言うと、T君も「かもしれません。話が話だけに……」と言う。

ともかく、このままでは何もできない。「もういっぺん、取材し直してくれへんかな。その時、俺も同行するから」

T君は再び話の提供者に連絡を取ってくれた。その人は千葉県在住らしく、ならば渋谷《しぶや》にある編集部の会議室に来てもらおうということになった。もちろん、私と共著者もそこに同席する。日取りも決まった。

ところがその前日、T君から電話があった。取材者に急用ができたらしく、明日は来られない。また、日を改める、と言う。

しかし、それから何度もそういうことが続いたのだ。

提供者が風邪をひいた、身内に不幸があった、急な出張……。

こうまでなると、話の提供者が逃げているのか、何か障りが発動しているのか、と思いたくもなるがそれはわからない。ともかく四人で会う、ということがなかなかできないのだ。

半年ほどたって、ようやく会えることとなった。この日の午後一時、渋谷の編集部の会議室での取材となったのだ。

私は朝九時頃の新大阪発東京行の新幹線に乗り込んだ。正午には渋谷に着く。

東京駅には予定通り到着した。中央線《ちゅうおう》、山手線《やまのて》と乗り換え、三十分もあれば余裕で渋谷に着く。途中、昼食でもとろうかな、そう思っているうちに渋谷に着く。

ところが渋谷駅の時計が午後二時半過ぎを知らせている。

「えっ、あの時計、狂ってるのか？」

他の時計を見る。同じだ。いや、そんなはずはない。東京駅の時計は正午前だった。そこから中央線で新宿、そこから乗り換えて渋谷。寄り道はしていない。

なのに……？

一応は急いだが、編集部に到着したのは午後二時四十分だった。

「中山さん、なにしてたんですか。取材は終わって、話の提供者の方、もう帰られました。もう帰られましたよ」とT君。

「いや、それが不思議なことが起こった。時間が、俺の中で飛んだんや！」

私は、その話の提供者に直接取材するためだけに、大阪から足を運んだのだ。わざと遅れたりするはずもない。

ともかく、仕切り直しだ。提供者が語った話はカセットテレコにより録音したという。この前のような失敗のないように、何度も事前チェックをしたとT君は言う。

再生ボタンを押す。音声が再生された。

〈あのう、これ以上、中山さんを待っていても立ってもいられないのもあれなんで、もうお話を聞かせてもらおうと思うのですが、よろしいでしょうか」というT君の声。「わかりました。じゃあ、最初からお話ししますね」という女性の声がする。「実は、この話は……」と、ここからまた無音となった。

「えっえっえっ、どういうことですか？」とT君が慌てだした。目の前のカセットテレコを摑《つか》むと、テープを取り出したり、電池の入れ替えをしている。しかしやはり無音であることには違いない。

結局、この時も取材者の話が録音されなかった、ということになる。

そんなはずはない。電池も入れて、チェックもして、録音ボタンを押した。赤いランプも点滅して、テープも普通に回っていた。第一、最初のT君の声と「じゃ、お話しします」という女性の声は録音されている。だからテープが回っていないわけでもない、とT君は弁解している。

この時、確信したのだ。

この話は障りがある、と。

録音が残らなかったので、さっき女性から聞いたという話を、T君が語ってくれた。

それが、Yさんという若い大学生が体験したという「八甲田山」の怪談だったのだ。

八甲田山怪談の隠された真実

ここまで読んで、疑問を持たれた方も多いだろう。

体験者は大学生の男性。しかし、語ったのは女性。

実は、ここに「八甲田山」怪談の隠されたメッセージがあったのだ。

『新耳袋 第四夜』に書いた結びの文。

〝それから一週間、四人は熱にうなされ寝込んだという。四十度近い熱はなかなか引かなかった。〟

この結びの文は、録音されないという現象が二度起こった上に、なかなか取材をセッティングできないこと。ようやくセッティングが実現したら、私にロスタイムが生じて提供者に会えなかったこと。そして話そのものが世界最悪の雪山遭難事件と関連あることなどから、障りを恐れてそう書いたのだ。障りという現象を信じたわけではない。ただ無事にこの話を原稿にして『新耳袋』に収録したい。私はそう思ったのだ。

そして……。

実は、この怪談を語ってくれた女性というのは、体験者Yさんの実姉であったのだ。

これには理由があった。

彼女によれば、こんなことがあったというのだ。

ある日、仕事を終えて家に帰ると弟がいた。

「あれ、なんであんたここにいるの？」と思わず聞いた。

弟は青森県の大学に通っていて、弘前市のアパートに住んでいる。なのに、夏休みでもないこんな時に、千葉の実家にいる。なにかあったとしか思えない。

弟は「俺、もう大学は辞めるし、青森にも戻らない」と言う。

「なに言ってんの。自分から青森の大学に行きたいって言ったんじゃない。あんたの学費、誰が払ってんのよ。勝手なこと言わないで」と叱ったが、決意は固いようだ。

では、何があったのか。これについては首を横に振るだけで何も言わない。しかし、辞める原因がわからないでは、許されない。そう言って何度も聞いているうちに、実は……、と聞かされたのが、あの話だった。

黒い軍服姿の六人の男たちに囲まれて、「わしはこの男の右腕がほしい」「俺は足がほしい」「わしは左手がほしい」と、それを聞いて気絶した。

朝になって目覚めると、男たちの泥靴の足跡が部屋に残っていて、それはアパートの玄関から階段、そして二階の廊下にも付着していた。

不思議なことに、アパートには他の住人もいたのに、誰も足音を聞いた者がいなかったのだ。あまりの恐怖に、四人は四十度近い熱を出して一週間寝込んでしまった。

そして、Yさんを除く三人はそのまま一週間後に、そろって命を落としたのである。

それが怖くて、そして亡くなった友人にも申し訳なくて、大学にいることができなくなった。それで千葉の実家に帰ってきた、ということだったのだ。

そして、八甲田山での雪中行軍遭難事件のことも知らなかった。

それを知ったこともショックだったという。


編集担当のT君は、この話を知ってYさんと接触しようとしたが、本人は、それを語ると亡くなった友人のことが思い出されて辛《つら》い上に、あの恐怖のことは思い出したくもない、と拒否された。しかし一方「僕は、雪中行軍のことを知らなかったから、夜中の八甲田山のドライブというのをやってしまった。知っていたら、おそらく行かなかった。だから二人目、三人目の僕を出さないようにするには、この話を語ることも、本に書くことも必要なことかもしれない。でも、僕には語れない。ただ姉には詳しく話してあるので、姉から聞いてください」ということだったのだ。

それで、この話を書き残すには、どうすればよいのか。障りが出ないようにする方法はなんだろうかと、私たちはそこを考慮したわけで、それには、三人が亡くなったことを書かないでおこうという手段をとったのである。いわゆるタブーを自分たちで設けたのだ。

それが正解だったかどうかはわからないが、記録に残らないあの話が、『新耳袋』に残ったことを考えると、正解だったのかもしれない。

しかし、読み込んでいる読者はそれをかぎ取ったようだ。

当時、ネットではこう書かれていた。

「八甲田山」の怪談は、何かを隠している。タブーがあるようだ、と。

記録に残らない八甲田山の怪談

一九九九年六月、『新耳袋 第四夜』が発売された。この本には「山の牧場」も掲載され、徐々に話題となっていった。

当時、新宿の某ライブスタジオで、著者二人で『新耳袋トーク』という、当時は珍しかった怪談に特化した怪談ライブを、二ヵ月に一度の割合で行なっていた。しかもオールナイトで怪談を語るというものであった。

もちろんそこには『新耳袋』の販促のための意図もあったわけである。

『新耳袋 第四夜』が出る前のライブでのこと。

今度の『新耳袋』にはこういう話を載せる予定だとか、今こんな取材が進行中だとか、そういうエピソードもお客さんに聞いてもらう。

そんな中で「八甲田山」についてのエピソードも紹介した。

「なんせ、カセットテープに音源が収録されないんですよね」という話をしだした時のことである。

この会場はわりと広くて、会場が満員になると、後ろの方のお客さんからはステージが見えにくいこともある。なので、複数のビデオカメラがあちこちに備えてあって、またあちこちに置かれたモニター越しに、ステージの様子が見ることができる。

　この日もお客さんは満員だった。

　八甲田山のエピソードを話しかけたその瞬間だった。

　パチッという音がして、会場にあったモニターの画面が全部真っ暗となったのだ。

　会場の照明も落としていたので、突然会場が暗くなった。

　えっ、なにがあった？　とお客さんがざわめいた。

　会場の技術スタッフがすぐにやってきて「すみません。今から原因追究しますので」と、調べはじめた。そこでしばし休憩とした。

　しばらくして技術さんが「原因、わかりました」と楽屋に報告に来た。

　原因は、配電盤のスイッチがオフになっていた、という。

「どういうこと？」

　当時の特殊機材としての配電盤は、手で作動させてカチッと止めないと、オン、オフにはならない。ところがそれが、誰も触らないのに勝手にオフになったとしか考えられないと、スタッフは首をひねっている。

「こんなこと、絶対にありえません。事故ですかねえ」

　そう言われてもわからない。ともかくモニターは復活したようだからと、ステージを再開させた。

「八甲田山」のエピソードの続きを話しだした。

この時、ライブ会場に来たお客さんとだけ、共有したことがあった。

それは「ブログやネットの掲示板などに絶対に書かないように、お願いしますね。

これはライブですから、この場に居合わせた人のみにこの話を披露します。実は……

……」

ということで、ここで初めて熱を出して寝込んだ四人のうち三人が一週間後に亡くなったことと、これをタブーとすることで、障りから逃れたのかもしれない、と話したのである。

それから二カ月ほどして、また『新耳袋トーク』が開催された。

深夜、私も会場の楽屋に入る。これから語る内容について打ち合わせをしていると「ちょっと、見てもらいたいものがあるんですけど」と技術スタッフが一人、入ってきた。

「なに？」

「これなんですけど」

彼は持っていたＤＶＤを楽屋にあるモニターに映し出した。

二カ月前に行った『新耳袋トーク』の模様のようだ。

会場に設置されている複数のビデオカメラは、もちろん映像を録画していて、技術スタッフがそれを編集して会場に物販として出していたが、今回の映像、妙なことが起こっているというのだ。

「このあたりからなんですよ」

そう言われて、画面に注意する。私と共著者がステージ上でしゃべっている。八甲田山について話そうとして、モニターが消えて会場が騒然となる、というところはカットされていた。

画面は、休憩が終わって八甲田山について再び話しはじめた瞬間である。

突然、画面が真っ黒になった。というより、何も映っていない状態が、そこから続いている。音声も消えている。

「これ、なに?」と聞くと、技術スタッフも「えっ、なんだろこれ。えっ、えっ、こんなはずは……」と様子がおかしい。

早送りをすると、しばらくしてまた画面上に、私たちが現われた。八甲田山については語り終えて、別の話をしている場面だ。

つまり、八甲田山の怪異やエピソードを話しているところだけ、映像と音声が記録されていないのだ。

ところが技術スタッフは「そうじゃないんです。僕が見せようとしたのは、これじゃないんです」と言う。

彼によれば、撮ったビデオを編集しようとパソコンにデータを入れて、作業に取りかかった。すると、八甲田山のエピソードを話しはじめたところから、だんだん音声が小さくなっていったというのだ。マイクに異常があるわけではない。なのに、音声がだんだん下がっていく。

なんだ、これ。ちょっと音声調節をしてみよう。ところが繰り返しているうちにますます音声が小さくなって、やがて音声が消えてしまったのだ。

ビデオに録音されていたはずの音声が、記録されていないという状態になっている。だが、映像には異常はない。音声だけが……。

そんなことがあるわけがない。なんとか修復ができないものかともう一度再生すると、こんどは映像にノイズが走った。なんだこれは、と再生を繰り返すとノイズもひどくなる。それはブロックノイズだったそうだ。ただしこのテープはアナログのテープ。ブロックノイズができるわけがない。

何度も再生しているうちにブロックノイズが全体にかかって、わけのわからない映像となった。それを見せようとしたら、もう何も記録されていない状態になっていたというのだ。

「それって、どういうこと？」と、そう聞くしかない。

「いえ、わかりません」と、技術スタッフも言うしかない。

「今見ているのは、編集ずみのものやんな」

「そうです」

「マスターテープはどうなってんの？」

「そうですね。見てみましょう」

見た。

不可解なことが起こっていた。

今見ている映像は素材の映像。映像の上の方にデジタル表示といって、時間が0、何秒といった単位で表示されている。この時間表示を見て編集をするのである。

ところが、マスターテープもやはり私たちが八甲田山についてしゃべりはじめたところから映像と音声が消えて、真っ黒になる。

「ダメですねえ」

しかし、よく見るともっと妙なことが起こっていた。

もし、画面と音声が消去されたというのなら、その場面には何も映らないはずだ。なのに、デジタルの時間表示はそのまま残っているのだ。ということは、再生はされているのだ。つまり撮られた映像は消失したわけではない。しかし何も映らないし音声もない。意味がわからない。
結局、ライブで語った八甲田山の話も記録としては残らなかったのである。

英霊からのメッセージ

楽屋で奇妙なビデオを見ているうちに開演となった。

拍手に迎えられてステージに上がる。この日も満員だった。

ゲストも登壇する。『映画秘宝』とキングレコードが合同で進めていたビデオ・ドキュメント『新耳袋 殴り込み!』のメンバーだ。

ライターのギンティ小林《こばやし》さん、元編集長の田野辺《たのべ》さん、プロデューサーの山口《やまぐち》さん。

『新耳袋 第四夜』では「山の牧場」を掲載していて、『新耳袋 殴り込み!』は、その現地ロケを行なっていたのだ。このステージはその話題を中心にお話をしましょうということで迎えたゲストである。

加えて、大学生当時、ともに山の牧場に迷い込んだ、大学時代の友人U君にも来てもらっていた。

この日は、その山の牧場ロケを敢行してまだ幾日もたっていないこともあって、ギンティさんたちのテンションが上がりまくっていた。

ロケで撮られた映像を流しながら、U君も当時見たものを証言してくれ、話も盛り上がっていく。また現地で不思議なものが撮られていたので、その映像を見ながらの考察もした。

その流れで「不思議な映像といえば、さっき楽屋でね」と、八甲田山の話をした場面が奇妙な消失をしていた話をしたのだ。

「やっぱり、八甲田山のあの話は記録に残らないんだ」と、話題が八甲田山へと変わっていった。すると、テンションが上がりまくっているギンティさんが、こう叫びだした。

「行きましょうよ！　八甲田山。『殴り込み』で行きましょうよ！」

私はこの時、行っちゃダメと思ったのだ。

八甲田山にドライブに行った大学生の前に現われたのは、英霊だ。日本という国を守るための過酷な訓練をした上での遭難事故。畏怖《いふ》の念を持つべきである。

一方『新耳袋 殴り込み！』という企画は、霊に対して暴言を吐いたり、不謹慎なことをして挑発し、カメラの前で何らかの現象を促すというものだ。それは、八甲田山でやるべきではない。だから私はギンティさんに言ったのだ。

「いやいや、ギンティさん。行ったらあかんで」

私の隣に座っていたU君は、この業界の人間ではなかったが、ミリタリーおたくで、八甲田山で何があったのかを熟知している。そのU君も「行かない方がいいです」と首を横に振る。

しかし、ギンティさんのテンションは上がったままだ。

「面白いじゃないですか。『新耳袋』のタブーに挑戦するのが『殴り込み』じゃないですか。これ、行かなくてどうするんですかあ、ねえ、お客さん」

すると客席も「おー!!」と盛り上がって拍手喝采《かっさい》となった。

「ねえ、行きましょうよ、行きましょうよ。なにがあっても僕は行きますよ」

会場のお客さんもテンションがおかしくなってきた。わぁー、と盛り上がっていく。

田野辺元編集長、山口プロデューサーも行く気満々になっている。

すると共著者が言った。

「じゃあ、行けば？」

その途端である。出演者のマイクから「キュン」という妙なノイズが聞こえたかと思うと、マイクが入らなくなったのだ。

「すみませーん。マイクの音が入ってませーん」というスタッフからの声。

「えっ、マイク入ってます？　入ってます？」

ギンティさんがマイクをポンポンと叩《たた》きながら客席に向かって問いかける。

なんと、八甲田山行に賛成した人の四本のマイクが反応していない。そして、私とU君のマイクだけは活《い》きている。

これって、偶然なのか？

また、技術スタッフによる原因追究が始まった。しばらくして技術スタッフからアナウンスがあった。

「原因がわかりました。コネクターが外れていました」

今から二十数年前の特機用のコネクター。かなり大きな接続プラグである。手を使わないと絶対に外れない。しかもランダムにつなげてあったという。つまりどのコネクターがどのマイクにつながっているかはわからない。

だから意図的にこのマイクとこのマイクのプラグを外すということはできない。また四本同時に抜くとなれば、四人の手がいる。しかもコネクターがさしてある場所には誰もいなかったのだ。

じゃあ、なぜ、四本のマイクのコネクターが同時に外れたのか？

わからない。

となると、その場にいた出演者、お客さん、スタッフは、ほぼ同じことを考えたはずだ。

きっとこれは、八甲田山に面白半分に行こう、と言った人たちへの戒めなのだろう、と。

録音スタジオの怪

二十年以上も前の話である。

有線放送のあるチャンネルが、八月の期間中、全部『新耳袋』という突飛な企画を立ち上げ、それが実現したことがあった。

『新耳袋』の朗読、声優を使ったラジオドラマ、関係者インタビュー、著者である私たちは『新耳袋』の朗読ではなく、ライブで演じているような語りを依頼された。

当時、そのチャンネルの録音スタジオが東京支社と、大阪本社にあった。

著者二人は、話し合って一人二十話ほどの語りを、どの話をどちらがする、と分担した。

「八甲田山」は私が語ることになった。

収録当日。私は大阪市中央区《ちゅうおう》高津《こうづ》にあった収録スタジオに入った。

収録が始まる。

私は一人録音ブースに入って、一話三分から、二十分ほどの怪談語りを、次々とこなしていった。ほぼ、NGはなく、一話語ると十分ほど休憩。その間に編集作業をすませてしまう。作業が終わるとディレクターから合図が来て、収録。一話語ると十分休憩。これを二十回ほど繰り返すのである。

順調な流れ。
十五、六話ほど語って、次は八甲田山の例の怪談だ。
『新耳袋』では五ページほどのもの。語れば七、八分くらいになる。

無事、語り終わった。

十分ほどの休憩に入る。

ところが、二十分、二十五分、三十分と時間がたつが、次の収録の合図が来ない。

この間、スタッフたちはコーヒーを買ってきてくれたり、軽食を勧められたりする。

もしかして、と思う。

話が話だけに、また録音できなかったとか、トラブルが発生したとか。

「何かトラブルですか？」

そうスタッフに尋ねるが「いえ、大丈夫です」と、またコーヒーを勧められた。

しかし一時間も待たされるとは、確実にトラブルがあったと見るべきだろう。

技術スタッフやアシスタントたちが、大きな録音機材の後ろに回ったり配線を確認したりしている。そしてしきりに首を傾げたり、こそこそと何かを耳打ちしたりしているのだ。

「なにかあったんでしょ？」

ディレクターにもう一度尋ねると、さすがに隠しきれなくなったのだろう。

「実は、申し訳ないですが、最初から録音のやり直しとなるかもしれません」と言う。

「は？　最初から？　どういうこと？」

この作業は、ＤＡＴという音声用磁気テープをマスターテープとしているが、そのＤＡＴの機械そのものが異常なことになっているというのだ。今まで順調に進んでいて、一話一話編集する度に確認をしていたのに、八甲田山の怪談が語られた直後から、マスターテープから今まで録《と》った音声データが消失しつつあるようだ、という。

意味がわからない、と私が言うと、スタッフも「私にもわかりません」と言う。

ともかく原因追究と音声データの救出、復元を試みている最中なので、もうしばらく待ってくださいと言われて、もうしばらく待った。

「すみませーん。お待たせしました。じゃあ再開します」と声が響いた。

一時間半の復旧作業。

結局、録音データは何とか消失せずに残ったらしいが、八甲田山の怪談だけは完全消失したという。八甲田山の収録は諦《あきら》めて次の怪談を語るように、という指示が出た。

壊れたパソコン

十年ほど前の夏のことである。

大阪在住のミュージシャン・グループとのコラボライブをやることになった。ミュージシャンのリーダーが怪談好きで『新耳袋』のファンなのだという。彼とは飲み仲間だ。

大阪市内のライブハウスでの開催となった。

MCは、ヴォーカルの女の子。そしてリーダーGさんと霊体験が多いというグループのメンバーたちとの丁々発止の怪談語り。こういう怪談に特化したライブは初めてということなので、この時は私がトーク・コーナーの構成を考え、入念な打ち合わせをした。

ライブの様子をビデオに収録したいということで、当時、私が塾頭をしていた作劇塾の映像志望の塾生A君を同行させた。

彼には「ライブ会場の様子をカメラに収めてくれ。商品にするという話は、別に今は出ていないけれど、記録として残しておいて、使えるようだったら商品にするかもしれない。そうなったときは、売り上げから印税を発生させて還元するから」という条件を出していた。

　A君としては、自分が撮ったビデオがお金になるかもしれない、というチャンスである。

　喜んで、二台のビデオカメラとパソコンを現場に持ち込んでいた。


　一度、通しのリハーサル。

　その間に、A君も撮影準備にとりかかり、段取りを理解する。

　二時間のライブ。うち九十分は構成に沿ったトーク。残り三十分は、ライブハウス側から、お客さんからのリクエストをもらって、そのリクエスト怪談を語ってください、という要望があったので、それにこたえるという内容となった。

　お客さんの入りは、四十人ほど。ただそれでほぼ満員の状態であった。

　本番となった。トークそのものはスムーズに進行している。

　そしてリクエストのコーナーとなる。

「ここからリクエストのコーナーです。中山先生に聞きたい怪談があれば、手を挙げてくださーい」とMCが客席に問いかけた。

　真っ先に手を挙げたお客さん。

「八甲田山！」

するとと「おおっ」と客席がどよめいて拍手が起こった。となれば、やるしかない。八甲田山はあれから語っていないし、また、十年もたっているから、もう記録に残らないとか妙なトラブルも起こらないだろう、そう思ってリクエストにこたえた。無事、語り終えた。トラブルもなかった。そして終演となった。

お客さんも帰って、撤収作業となる。

するとA君が、真っ青な顔をして突っ立っていて、なんだか小刻みに震えている。

「どうした？　なんかあった？」

「先生。あの話、ヤバイですよね」

「あの話って？」

「八甲田山ですよ。僕、実は先生の本、全部を読んでいるわけじゃなかったんで、八甲田山の話、知らなかったんです。でもあの話、ダメです。ほんとにダメです」

そう言いながら、まだ震えている。

A君によると、カメラでライブを撮影していた。基本的に出演者はステージに用意されていた椅子に座っているので、動きはほとんどない。だから二台のカメラはフィックスの状態にして、カメラの後ろに立ってステージの様子を見ていたのだという。

すると突然、ゾッとする悪寒に襲われて、手の指の先からだんだんと氷のように冷たくなっていき、足の指先も冷たくなって、それもだんだんと上がってくる。

それでブルブル震えだした。

（これ、なんだ？）

真夏の会場で、冷房は効いているのは確かだが、彼はまるで寒波の中にいるような感覚に陥ったという。

すると客席から手が挙がって「八甲田山！」という声があがった。

私が、八甲田山の怪談を語りはじめる。すると、話の節々に冬の雪山、防寒着に防寒帽の男たち、雪中行軍、雪を踏みしめて、という言葉が矢継ぎ早に出てくる。

（これか！　この話は確かにヤバイ）

そう思ったというのだ。

八甲田山の話が終わると寒波の中にいるような寒さは引いていったが、そんな現象が自分の身に起こったことが今度は恐怖に思えてきた。それでまだ震えている、というのだ。

「ところで、映像は撮れてるの？」

心配になって、私がA君に聞いた。

「カメラはずっと回しっぱなしだったので、多分撮れていると思います」

それを聞いて安心した。カメラとか録音とかのトラブルが必ず発生していた「八甲田山」。

私もどこか、怪異に懐疑的なところもある。あの一連のトラブルはそれでも偶発的に起こったものだろう。そんな思いもどこかにあった。

A君には、「さっそくテープを編集して、プロモーションに使えるように仕上げてくれ」という指示を出して、その日は解散した。

二日後、A君から電話があった。

「先生、やっぱりあの話、ヤバイです。呪われてますよ」と言う。

彼は、持って帰ったテープをデータ化して、パソコンに保存した。

映像をチェックする。「八甲田山！」というお客さんの声が入る場面。ところがその瞬間、パソコンの画面が真っ黒になったかと思うと、作動しなくなった。

慌てていろいろ試したり、再起動させたりしようとしたが、まったく反応がない。

(どうしよう、どうしよう、どうしよう）とパニックになった。

この時彼は、自分のパソコンが壊れたというよりは、初めて仕事として依頼されたものを、しくじりたくない。プロを目指す人間として、それはやってはいけない。そういう気持ちだったらしい。しかしこのままでは作業ができない。

友人に電話をした。この友人も映画を自主制作している人だそうだ。事情を説明して友人のパソコンを借りたのだという。

借りてきたパソコンにもう一度カメラから映像を取り込んで、チェックしていると、また同じところで、同じ現象が起きたというのだ。

「先生、僕、友人のパソコンまで壊してしまいました。さすがにこれ、弁償ということになりますが、僕、どうしたらいいんでしょう」

A君は泣きそうな声でそう訴える。

「わかった。とりあえずそのパソコン、持ってこい。俺の知り合いでパソコンに詳しいヤツ、おるから。彼に診てもらうわ」

ところがその二日後、またA君から電話があった。晴れやかな声をしている。

「先生、パソコン、二台とも直りました」と言う。

何があったのかと言うと、あの時私に電話した後、友人に電話をしたらしい。事情を説明して、弁償はするからと言うと、友人は「わかったわかった。じゃあ、お祓《はら》いに行こう」と言いだしたのだ。

「俺、知ってる宮司さんがいるねん。そこ行こ。明日《あした》、お前のパソコンと俺のパソコン持ってきてくれ。その足で、二人で神社に行こう」

そう言われて、今朝、二人で神社に行き、パソコンにお祓いをしてもらった。

今、二台とも、ちゃんと動いているらしい。

「でも先生。僕はもうあの話は二度と聞きたくありません」

氷点下の怪談ライブ

二〇一七年の年末のことだった。事務所のスタッフから「中山市朗《いちろう》が語る怪談を全集という形でビデオ収録して、ネットでそれを有料配信しませんか」という話が持ち上がった。

ならば、ライブ収録がいいと私が提案して、日程などを決めた。

企画は、まず目標は百物語の三倍語る、『三百物語』ということで諸々《もろもろ》決まっていき、ライブ会場も押さえることができた。第一回の収録は二〇一八年一月二十四日と決まった。

これは単に、いつも借りている会場が、この日しか空いていなかったということが理由であった。そして担当の者から「何から語りますか？」と聞かれた。

私は「じゃあ、八甲田山を語るわ」と言った。まず冬であったので時季的にいいかなと思ったことと、語るなら後日談も含めた一時間以上の大作として語りたいという思いもあったのだ。ただ、今までこの話を記録しようとしてもトラブルが続いて、記録として残らない。そういう話はスタッフにはしてあるので、万全の態勢を敷いたのである。

撮影用のカメラは六台。撮りながらバックアップをする。さらにそのバックアップをする、ということで何とかデータを残すことを心がけた。


ライブ当日。大阪市の千日前《せんにちまえ》の千日亭《せんにちてい》という六十人ほど入る会場。和風の造りで普段は落語会がよく開かれている会場である。

一月二十四日の夜。この日の大阪の気温はマイナス四度。大阪が氷点下になることは珍しい。

百十六年前のこの日、青森歩兵第五連隊雪中行軍隊が八甲田山での最初の夜を迎えたのである。私が「八甲田山を語る」と言ったときは、そのことを知らなかったのである。

ともかく、大阪は寒波。もちろん会場の暖房は効かせてある。私も楽屋に入った時は、やや暑いほどであった。担当者が言うには、いつもは四台の暖房装置を使っているが、今夜は特別に六台の暖房装置をフル稼働させているという。

さて、本番となった。私は最初に「雪山賛歌」という雪の中に遭難する大学の山岳グループの話を披露。休憩をはさんで、解説も入れると一時間以上となる「八甲田山」を初めて語ったのだ。それが十九時五十分頃。その一分後、青森県で東方沖を震源地とした最大震度四の地震発生というニュースがSNS上に表示されたことを後で知ることになったが、これは偶然であろう。

そして一時間の大作を五分オーバーで語り終えた。

最後はお客さんと共に、黙禱《もくとう》を捧《ささ》げて、ステージを後にした。

この時、六台設置していたカメラのうち、二台は作動せず。原因は不明とのことだった。

私の語り自体は順調だった。この八甲田山の怪異を語るにあたっては、時代背景をしっかり説明しておく。そして彼らは、日本国のために犠牲となった英霊であるという畏怖《いふ》の念を、客席と共にする。そうすることによって、怪異は抑えられる、英霊たちの魂は救われる、と思ったのである。

しかし……、楽屋に戻るとやけに寒いのである。一瞬、暖房と冷房を間違えて操作したのではないかとも思ったほどだ。担当者にそのことを言うと「そんなはずはありません。六台、暖房にしてフル稼働させています。だいたいこの時期、冷房には切り替わらないように設定してありますし。ただね……」と、担当者がお客さんから集めたアンケート用紙を持ってきた。

そこには、多数のお客さんから、「暖房がまったく効いていない」「めちゃめちゃ寒かった」「足元にまるで氷の塊があったような冷え込みがあった」「暖房と冷房、間違ってませんでしたか」「ガタガタと震えながら聞きました」「これは演出なんですか」という声があがっていたのだ。

念のため見てみるが、暖房装置は六台がフル稼働している。設定温度も高めだ。

そして今は、ちゃんと温かい風が来ている。冷え込むわけがない。

結局原因は分からない。

撤収作業も終えて、私もスタッフたちと一緒に、下へ降りるエレベーターに乗り込んだ。

この時、上から身も凍るような冷風がやってきた。

乗り込んだ全員が「寒っ」と声をあげた。

「やっぱりこれ、暖房と冷房、間違ってない？」

すると担当者は「それは絶対にないですって。だいたいこのエレベーター、このビルの節電のため、冷暖房装置は切ってありますから。第一、エレベーターに風って、おかしいじゃないですか」

百十六年前のこの日、彷徨《さまよ》った第五連隊は、二日目の野営をやむなく鳴沢の近くで行なったが、天幕のない吹きさらしの状態の中、将校たちは次々と凍死していった。

二十四日の夜は連隊がもっとも死亡者をだしたわけだが、ちょうどこの時間であった。

五十年目の千日前

実は、同じような現象が私の怪談ライブの時に起こったことがある。

三年前の十月十日。私が開催しているオールナイトの怪談ライブ『中山市朗Ｄａｒｋｎｉｇｈｔ』でのことである。

場所は、道頓堀《どうとんぼり》にある劇場。もともとここは、道頓堀の中座《なかざ》という由緒ある劇場があった場所だが、一九九九年に閉鎖。三四六年の歴史に幕を閉じた。その後解体され、今の雑居ビルの地下にＺＡＺＡという小屋ができた。私はこの場所をホームグラウンドにして、年四度の『Ｄａｒｋｎｉｇｈｔ』を開催しているのだ。

この時のゲストは怪談図書館、桜井《さくらい》館長。

テーマは「千日前怪談」であった。

千日前と言えば、一九七二年五月十三日に起こった千日デパート火災事故と、それに伴う怪異談を思い出す方も多いだろう。戦後日本のビル火災事故としては最悪の百十八名の死者と八十二名の負傷者を出したことで知られるものだ。その後この界隈《かいわい》に幾多の幽霊の目撃談を生み出したが、それらの怪談をまとめた人はいなかったので、私が独自に話を蒐集《しゅうしゅう》し、歴史を遡《さかのぼ》り、体系化して時系列としたのが「千日前怪談」である。

桜井館長は、関東の出身ではあるが、千日前という目抜き通りで、こんなに怪異が起こり、語られる場所は世界にもない、と私の仕事を評価してくれていたので、千日前怪談にゲストとしてお呼びしたわけである。

実は、千日前という場所の因縁を探っていくと、大阪城落城まで遡り、現代の大阪の街ができあがっていくという歴史に大きくかかわってくる。つまり、ここは明治の初期までは難波《なんば》墓所という処刑場を含む忌地であり、大阪のミナミと呼ばれる繁華街を生み出す場所でもあったのだ。

明治になって墓所は阿倍野《あべの》に移され、歓楽街としての開発がすすめられたが、明治四十五年のミナミの大火、昭和二十年の大阪大空襲により全滅。それでも復興は繰り返され、昭和四十七年には千日前デパート火災事故が起こったということになる。

この場所に、幽霊談が多く語られるには、そういう歴史的背景がある。

そして、その歴史背景や大阪の人たちの生活の営みの中にある怪異談を語ることが、千日前怪談の神髄なのである。

さて、桜井館長との千日前怪談の丁々発止。オールナイト五時間のライブを三部構成で行なった。一部、二部は千日前怪談。三部はお互いのとっておき怪談を語る。ライブは、何事もなく終了。ただ、暑くもないのに途中、館長の顔から汗が噴き出ていることが気にはなっていた。

打ち上げの席で私の秘書から「何人かのお客さんから、すごく暑かったという声が上がっていましたよ。Sさんにそれを報告して、空調を入れてもらいました」という報告を受けた。

暑い？　今十月やで、と思う。私はライトを浴びるステージにいながら暑いと感じたことがない。そういえば、館長がえらい汗かいてたな。

ところが、午後から夕方にかけて、Twitter上でこんなやり取りがあったのだ。

まず、ゲストの桜井館長。

〈昨夜二部の途中から急に温度が上がって、汗が止まらなかった。横を見ると中山先生が大阪の火災写真を映し、歴史を語っていた。気のせいだろうか。三部で急に下がった〉

このコメントに対してRさんというお客さんが反応した。

〈千日前の大火の写真が出てきたあたりは本当に汗をかくほど暑く、三部になるとグッと涼しくなったので空調を調整されたのかと思っていたのですが、そうではなかっ

たのでしょうか。だとしたら恐ろしいです〉

　そこに私の秘書の書き込みがあった。

〈実はあるお客様から、「暑いです。空調を下げてほしい」と私の元にメールが。ですので三部で担当者に報告し、空調を下げました。私は楽屋にいて分かりませんでしたが、急に会場の温度が高くなるものなのでしょうか？　不思議〉

　ちなみに聞いてみると、担当者は客席の後ろにいたが、暑いとは感じなかったそうだ。また空調はまったく作動させていなかったとのこと。三部から冷房を効かせたという。

　館長が秘書にこたえて。

〈ならないと思います。というか、休憩中に、温度上げますか？　的な会話なかったですよね。しかも二部の最初からではなく、途中から急になんですよ。あと、三部の話に行く前あたりから、背後で女性が楽しそうに話していました〉

　Rさん。

〈最初から暖かい部屋ではありましたが、二部は凄《すご》かったです。休憩で外に出ると「あー、涼しい」となったほどで。人数も普段のダークナイトの半分？　のはずなのに……不思議でした〉

　館長。

〈いきなり変わったので徐々に暑くなったなあ、みたいな間がなかったんですよね。不思議不思議〉

するとこの後、お客さんとして来てくれていた人たちから、いろいろな反応が寄せられたのである。

〈私は端っこにいましたが、暑いとはまったく感じませんでした〉

〈私は前から二列目の真ん中に座っていましたが、二部の途中から急に暑くなって、上着のボタンを全部外して、暑いなぁと手で扇いでいました〉

〈私も二部の途中からすごく暑さを感じました。他のお客さんはと見ると、やはり暑そうで、三部が始まると空調の動く音がして、涼しくなったのを覚えています〉

〈僕もそうでしたが、皆さん暑い暑いといって、休憩になると飲料水の自販機に群がっていましたよ。やけにのどが渇くって〉

これは、「Twitter ではないが私が語っている動画にはこんなコメントもあった。

〈千日前の怪談の時、異常に喉《のど》が渇いて暑かったです。お茶を二本がぶ飲みして、休憩の度に外に出て涼んでいました〉

これはライブの真っ最中にツイートされたもの。

〈ダークナイトに来ています。休憩ですが暑いです。みんな暑い暑い言うてます〉

館長はこうもツイートしていた。

〈自分が汗をかく様子は動画にもありましたから、間違いなく舞台は暑かったんですよ。これは大勢の体験した怪異ですよね。先生の語りとリンクしていますし〉

これらが怪異かどうかは私には分からない。中にはバカな、と思う人もいるだろう。ただ、二部といえば、私が明治の大火や空襲での炎の恐ろしさを語ったのだが、そのタイミングで突然、暑くなったようである。そして、そこに不思議に思った人が複数人いることは事実であろう。そのことを否定するわけにはいかない。

ただ、この道頓堀にある会場は、ミナミの大火、空襲があったまさにその場所で、千日前もすぐ目と鼻の先である。そして、長い間、道頓堀の芝居や芸能の中心であった中座跡である。さまざまな人の思いや嫉妬《しっと》、欲望が渦巻いた場所でもある。

そんな場所で、オールナイトで、千日前の歴史と因縁と怪談を語ったわけである。

おそらくこんなことは、長い道頓堀の歴史の上でも初の試みだったと思われる。

もし、霊というものが存在するとしたら、弔いを求めて、自分たちについて語っている場所に集まってきて、なんらかの現象を起こす、ということがあっても、不思議ではないのかもしれない。

煙

昨年、二〇二二年は千日デパート火災から五十年目の年であった。

今、私が語る怪談を録音して、オーディオブックとする企画が推進中である。

その中で、昨年「千日前怪談」の特集を吹き込んだ。もちろん五十年目を意識してのことである。

もちろん、怪談を語るだけではなく、千日前という土地の由来や歴史的考察も解説しつつ、その中で生まれる怪談を紹介していく。

収録された音源はCD化され、Amazon Audibleで有料配信されるが、その千日前怪談特集は、二〇二二年五月十四日の発売日の前日から商品がマーケットに出荷された。

五月十三日。この日はちょうど千日デパート火災の五十年目の日だったのである。

私は、この千日前怪談特集の宣伝も兼ねた動画も配信した。こちらは、自主制作のもので、私の事務所での収録。カメラ担当は秘書。語るのは私。オフィスイチロウの公式YouTubeからの無料配信である。

生配信ではなく、発売に合わせて配信するための収録であった。

音源では伝えられない部分も捕捉《ほそく》した。千日前の古地図と今の地図との比較、当時の写真、などを視聴者に見せながらの進行。この収録が終わると、竹内義和《たけうちよしかず》さんとのYouTube番組『オカルト解体新書』の生配信がある。

収録している途中、竹内さんがやってきたので一時収録を止め、竹内さんを事務所に迎えて、再び収録を続けた。

その翌日、秘書から録画済みの動画ファイルをメールに添付して送ってくれた。チェックを始めると、なんだか妙なものが事務所を飛んでいる。いわゆるオーブといわれるもののようだ。白や赤色の丸いものがふっ、ふっと現われては飛んでいる。

オーブについては、カメラマンや専門家が技術的な解説をしている動画やブログもあるが、原因は何にせよ、ずいぶん動画収録をこの事務所で行なっているが、そんなものが飛んでいるのは初めて見る。現にその後に生配信された『オカルト解体新書』には、そんなものはまったく見られなかった。

するとチャイムが鳴って一旦《いったん》動画が終わる。竹内さんが来たので収録停止したところだ。

そして再開。

「ええっ、これなんだ？」

思わず私は、声をあげた。

カメラに向かって語っている私の前に、煙が流れているのだ。真っ白い煙で、画面の左のやや下から、右やや上へと速い速度で移動していく。ときどき、ぐるぐるとまわる。いまも
まに煙の塊がぶわっと横切る。時間にして二、三十秒だが明らかに煙だ。

タバコの煙と思う人もいるかもしれないが、私は画面に出ているし、竹内さんは煙が進行する先にいる。第一彼はタバコを吸わない。後はカメラを担当している秘書だけ。またその場にいた三人は、煙など見ていない。つまり動画の中でしか存在しない煙である。

原因はわからない。

あるとすれば、千日デパートの火災で亡くなった人について語っていた場面だったので、それしか原因は考えられない。

この動画はそのまま配信したが、それを観たという北野誠《きたのまこと》さんから電話があり、

「あの煙はなんなん？」ということになった。

誠さんの推薦があって、その後に放送したラジオ番組『北野誠の茶屋町怪談』のYouTube配信版に、その場面だけを切り取って公開した。

もう、やめとけ！

郵便局員のKさんは、怪談が大好きである。実は『新耳袋』時代から、いくつか体験談を聞かせていただいている。

これは十数年前のこと。

Kさんに彼女ができた。

その彼女に怖い話を聞かせているうちに、千日前の話になった。

「知ってる？　千日前の怪談」

「えっ、千日前やったら、たまにショッピングに行くけど」

「ヤバいねん、あそこ」と、千日デパートの火災事故と、それに関連する怪談をいくつか聞かせた。けれども信じてくれない。

「じゃあ、今から行ってみようか。それで聞き込みしてみようや」

とはいえ、軽いノリだった。

千日デパートの火災があった場所には、大きなショッピングセンターが建っている。

中へ入るとKさんは店員さんに聞いて回った。

「ここ、お化け出ますか？」

「ええっ、出ませんよ、そんなの」

「お化け出ます？」

「出ません」

どうしても有力な証言が出てこない。そこで聞き方を変えてみた。

「やっぱり七階で着替える時は二人以上ということになってるの？」

すると「そうなんですよ」という答えが返ってきた。

「やっぱりそれは、お化けが出るから？」

「でも、言うなって言われているんですよ」

直接見たとか、とんでもない恐怖を感じた、という話は聞けなかったが、それでも気配を感じる、とか、焦げ臭いにおいはする、という話はあった。

そのうち、ちょっと飽きてきた。

「もういいよ。帰ろうよ」と彼女も帰りたがっている。

「そやな。帰ろうか」

二人でエレベーターの前に並んだ。すると、ふっと空気が変わったような気がした。周りに人がいない。なのに妙な圧迫感があって、人に押される感覚がある。

彼女も「なになに？　なんか人の気配がする」と言っている。

エレベーターが上がってきたので乗り込んだ。その時だった。

Kさんの右耳から男の声で「もう、やめとけ！」

左の耳から女の声で「もう、ほっといて」という声がした。

「わあああ」と叫んだのはKさんだけではなく、彼女も同時に悲鳴をあげていた。

次の階で降りて、エスカレーターに乗り、そのままショッピングセンターから逃げだした。

彼女も右耳から男の声で「帰れ」、左耳からはこれも男の声で「はよ、いね」と言う声が聞こえたのだという。

ココア・パウダー

十二年ほど前のこと。

当時、劇作家で俳優でもあるHさんは、大阪梅田《うめだ》にある専門学校で非常勤講師をしていた。大阪の生野《いくの》区に住んでいた彼は、学校がある日は、地下鉄千日前線のなんば駅で降りて、御堂筋《みどうすじ》線に乗り換えて梅田へ向かったのである。

この学校では、毎年夏になると生徒たちと合宿をする。

この時、必ず演劇を催す。それまでの成果をここで問うわけである。

その合宿がいよいよ近づいた暑い日。

Hさんは学校へ行く前に、芝居に使う小道具を買おうと、なんば駅を降りるとそのまま地上へ上がった。近くに百円ショップがある。そこへ行こうとしたのだ。

千日前の商店街に入ると大勢の人が行き交っている。すると、最初の四つ角に、妙な人がいることに気がついたのだ。

全身真っ黒の女が立っている。Hさんはその女をしげしげと観察した。

人がこれだけ行き交う四つ角の真ん中に、ぽつんと立っていることがまずおかしい。わりと長身で、年のころは三十代後半。長い袖《そで》の黒いロングコート。ソバージュ・ヘア。肌は、あえていうならココア・パウダーの色だと思ったという。

そんな女が、千日前商店街の四つ角の真ん中にいて、微動だにしないのだ。

しかも今は真夏。おそらく三十七度はある。アスファルトの輻射熱《ふくしゃねつ》もあって体感温度はおそらく四十度は超えていると思われる。さながら灼熱《しゃくねつ》地獄である。なのに、黒いロングコート？

あの女は、なにをしているんだろう？

その四つ角は、さっきから薄着の人たちで混み合っていて、その近くではティッシュ配りをしている若い男もいる。

あの人たちには、どうもあの女のことが見えていないようだ。

陽も高くなっているというのに、なんだか薄気味悪くなった。それで当初の目的である百円ショップへと歩きだした。

まだ開店していなかった。午前十一時より営業とある。

ちょっと早かったかな。

近くの喫茶店に入って、開くのを待つことにした。

十五分ほどすると再び百円ショップに行き、買い物ができたが全部がそろったわけではない。もう一軒、大型家電販売店の八階にも百円ショップがあることを思い出して、来た道を戻ることにした。

あの四つ角にさしかかる。

いた。あの女だ。

あれから一時間ほどたつが、雑踏の中、微動だにしていない。

Hさんはそこを通り過ぎて、大型家電販売店に入るとエレベーターに乗り込んだ。

そして八階の百円ショップで、ようやく小道具をそろえると支払いを終えた。と、ここで急に便意をもよおしたのである。

急いでトイレに駆け込んだ。個室は二つ。今、寸前に中年の男が入って行くところを見た。もう一つのドアを開けるとすごく汚れている。

（ここでするのは嫌だなあ）

七階のトイレに行こうと、階段を下りた。

ところが、音がまったくない世界に入ってしまったという感覚に襲われた。階段を駆け下りる自分の足音がしないのだ。なんだか怖い。そう思いながらも七階のフロアに入った。

ゾッとした。誰もいないのだ。

また、そのフロアは普段なら店舗が並んで賑《にぎ》わっているはずなのに、それら店舗を覆い隠すように、ずらりと白い布がのれんのように垂れ下がっているのだ。

工事でもしているのだろうか。いや、変だ。照明も暗い。人の気配もない。

そして、音が相変わらずないのだ。

しかし便意は収まらない。そのままトイレに駆け込んだ。

すると、電気が消えていて真っ暗だった。スイッチを探すがどこにもない。

六階に下りて、ようやく用を足すことができた。六階のフロアに入ると同時に、わっという人々の行きから音や従業員たちの声、BGMが耳に入り込んだ。なんだか今まで異次元にいたという感覚で、改めて戻ってこられてよかった、とこの時実感したという。

この間、約四十分。


ビルを出て地下鉄に乗ろうと、地下街へとつながる階段を下りだした。すると、こちらへ上がってくる真っ黒な女がいる。

一目でわかった。

四つ角にいた女だ。

(三回目やな)

すれ違う時に、その横顔を見た。ココア・パウダーのように見えていた顔は、火傷《やけど》の跡だとわかった。おそらくそれは顔のみならず全身にあるのだろう。

体を覆い隠すような黒い長そでのロングコートに黒いロングスカート。黒いタイツを履いていたのでそう直感したのだ。

生きている人だろうな、とは思う。なぜなら遠ざかっていく女の後ろ姿があったからだ。


その日はそのまま学校へ行くと、いつものように授業をした。ところが、あの女を見てから肩が重く首も痛い。家に帰っても治まらず、心配する奥さんに黒い女のこと、そしてそれから肩や首に痛みが来たことを話した。

「あんたそれ、引っ張られてんのちがう？」

奥さんにはそう言われて、千日デパートの火災がその場所にあったことと、そこで噂される怪談を聞かされた。

奥さんはもともと大阪の人だったが、Hさんは結婚して大阪に住むようになったので、千日前の火災のことは知ってはいたが、詳しいことはこの時初めて知ったという。

「私の友達なんて、あそこで働いてて、いろいろあったって言うてたから、気ぃつけてや」

そう言われて、なんとなくあの女は、この世の者ではなかったのかもしれない。そう思えてきたという。

そして七階の店舗を覆っていたのれん状の白い布も、霊を鎮めるためか、そういったものを見えないようにするためのものだったのかもしれないと思えてきた。

数カ月たって、その大型家電販売店に行くことがあった。

七階に行ってみた。

売り場があって、普通に買い物を楽しむ人たちがいた。ただ、新しいトイレに変わっていて、場所も以前とは違う場所に移動していた。

令和の千日前怪談

千日デパート火災事件から五十年がたとうという、令和の時代。
今も千日前怪談は続いている。
短いが、そんな千日前怪談を紹介してみよう。

Rさんの友人で、千日前近くで葬儀屋をやっている人がいるそうだ。
ある夜遅く、たまたまその葬儀屋の近くを通った。
すると、スーツ姿の中年男性が、友人の葬儀屋に入っていくのが見えた。
(こんな時間に葬儀の発注かなにかかな？　葬儀屋も大変やな)
ただ、お店は閉まっている。しかし男は確かにここから店に入って行ったのだ。
電話をしてみた。
〈よお、葬儀の発注か？〉
電話に出た友人にそう言った。
〈はあ？　なんのことだ〉と訊《き》いてくる。

〈今、お前んとこの店に、客が来たやろ〉

〈お客？　いや。もう店閉めたし〉

〈いや、実は俺、たまたま千日前歩いてたらな、おまえの店の中に、中年の男が入って行ったんや。後ろ追っかけて来たから、間違いないわ〉

そしたら〈やめてくれよ！〉と、電話を切られたという。


これは、MBSラジオの『北野誠の茶屋町怪談』の出演を終えて、怪談図書館・桜井館長がタクシーに乗った時の話である。

新大阪駅に向かって走っていたところ、運転手の方から話しかけてきた。

「お客さん、東京の方ですか？　お仕事、何されているんですか？」

「はあ、ちょっと、お化け関係のイベントに出ていましてね」

すると運転手がひどく驚いて、こんなことを言ってきた。

「この間ねえ、夜にヨシモトのある芸人さんを乗せたんですよ。若手の方でした。で、行先を聞いて、じゃあ、千日前を通りますよ。それが一番近いので。そう言ったら、その芸人さん、表情を変えて、『いや、そこはマジやめてください。遠回りでいいので別の道をお願いします』って、言うんですよ。私、おかしいなと思って『なにかありましたか？』と聞いたんですよね。そしたらその芸人さん。『私、霊感が強くてね。

あそこを通ると変なの見るんで』、そういわれたんです。それで料金かかるのに遠回りしたんですわ。まだあるんですかね、千日前のお化け……」

そう言う運転手の表情は、真顔だったそうだ。

Oさんは関東の人だが、怪談好きが高じてあちこち取材をして回るという。

ある日、仕事で大阪に行った。

夜遅い仕事を終えて、ホテルで一泊したが、せっかく大阪に来たのだから千日前を取材したくなった。まず、人気《ひとけ》の少ない千日前の様子を写真に撮りたい。

そう思って早朝にホテルを出て、朝八時に千日前に出向いて、アーケードや水掛不動さんなどを散策、写真を撮った。

今度は、千日デパートの跡地に建ったという大型家電量販店の取材もしたくなった。

しかし開店時間まであと一時間はある。

地下街に下りカフェを見つけると、モーニングを食べながら、さっき撮った写真を確認していた。

すると、シャン、シャン、シャーンとお店のシャッターを叩《たた》く音が聞こえだした。

カフェのすぐ前の開店前の携帯電話ショップからだった。しかし、そのシャッターの前には誰もいない。

なおも、シャッターを叩く音は続いている。

(なんか、中山市朗さんの千日前怪談で、同じような話があったよなあ)

そんなことを考えながら、コーヒーをすすりながら、状況を注視した。

するとそこに地下街の作業員らしき二人の男がその前を通りかかった。するとすぐに、シャッターの異常に気づき、二人はどこかへ駆けて行った。

ほどなくして、二人は警備員一人を伴って戻ってきた。

シャッターの音はまだ続いていたが、警備員がポケットから合鍵《あいかぎ》を出した途端、ピタリと音は止んだ。

三人はそのままショップのドアを開けて中へ入って行ったが、一分もしないうちに出てきた。三人ともしきりに首を傾げている。

しばらく三人はそのショップのシャッターの前に建っていたが、もう音は鳴らない。

そのうち三人は、どこかへ引き上げて行ったが、この時、一人が言った言葉がひどく耳に残ったという。

「まあ、千日前やからなあ」

本書は書き下ろしです。

怪談狩《かいだんが》り　葬儀猫《そうぎねこ》
中山市朗《なかやまいちろう》

角川ホラー文庫　23828

令和5年9月25日　初版発行
令和6年11月15日　3版発行

発行者——山下直久
発　行——株式会社KADOKAWA
〒102-8177　東京都千代田区富士見2-13-3
電話 0570-002-301（ナビダイヤル）
印刷所——株式会社KADOKAWA
製本所——株式会社KADOKAWA
装幀者——田島照久

●お問い合わせ
https://www.kadokawa.co.jp/（「お問い合わせ」へお進みください）
※内容によっては、お答えできない場合があります。
※サポートは日本国内のみとさせていただきます。
※Japanese text only

ISBN978-4-04-114074-1　C0193

◆◇◇

角川文庫発刊に際して

角川源義

第二次世界大戦の敗北は、軍事力の敗北であった以上に、私たちの若い文化力の敗退であった。私たちの文化が戦争に対して如何に無力であり、単なるあだ花に過ぎなかったかを、私たちは身を以て体験し痛感した。西洋近代文化の摂取にとって、明治以後八十年の歳月は決して短かすぎたとは言えない。にもかかわらず、近代文化の伝統を確立し、自由な批判と柔軟な良識に富む文化層として自らを形成することに私たちは失敗して来た。そしてこれは、各層への文化の普及滲透を任務とする出版人の責任でもあった。

一九四五年以来、私たちは再び振出しに戻り、第一歩から踏み出すことを余儀なくされた。これは大きな不幸ではあるが、反面、これまでの混沌・未熟・歪曲の中にあった我が国の文化に秩序と確たる基礎を齎らすためには絶好の機会でもある。角川書店は、このような祖国の文化的危機にあたり、微力をも顧みず再建の礎石たるべき抱負と決意とをもって出発したが、ここに創立以来の念願を果すべく角川文庫を発刊する。これまで刊行されたあらゆる全集叢書文庫類の長所と短所とを検討し、古今東西の不朽の典籍を、良心的編集のもとに、廉価に、そして書架にふさわしい美本として、多くのひとびとに提供しようとする。しかし私たちは徒らに百科全書的な知識のジレッタントを作ることを目的とせず、あくまで祖国の文化に秩序と再建への道を示し、この文庫を角川書店の栄ある事業として、今後永久に継続発展せしめ、学芸と教養との殿堂として大成せんことを期したい。多くの読書子の愛情ある忠言と支持とによって、この希望と抱負とを完遂せしめられんことを願う。

一九四九年五月三日

ISBN 978-4-04-111633-3